数字出版内容管理

SHUZI CHUBAN NEIRONG GUANLI

黄孝章 田 姝 著

知识产权出版社
全国百佳图书出版单位
—北京—

图书在版编目（CIP）数据

数字出版内容管理 / 黄孝章，田姝著. —北京：知识产权出版社，2023.3
ISBN 978-7-5130-8693-6

Ⅰ.①数… Ⅱ.①黄… ②田… Ⅲ.①电子出版物-出版工作-研究-中国
Ⅳ.①G239.2

中国国家版本馆 CIP 数据核字（2023）第 042469 号

内容提要

本书从互联网内容治理体系建设、内容数字化加工、数字化生产、内容资源管理和内容审核等方面对互联网内容生态建设的内涵作了具体的分析和阐述，能够帮助出版单位和新媒体企业提高内容数字化加工、数字化生产、内容资源管理和内容审核能力，从而大大提高互联网优质内容生产与供给能力，提升企业知识服务产品生产能力与知识服务水平。

本书主要面向数字出版和互联网新媒体从业人员，也可作为学校相关专业教学实训参考用书。

责任编辑：曹婧文　　　　**责任印制：**孙婷婷

数字出版内容管理

黄孝章　田　姝　著

出版发行：	知识产权出版社有限责任公司	**网　　址：**	http://www.ipph.cn
电　　话：	010-82004826		http://www.laichushu.com
社　　址：	北京市海淀区气象路 50 号院	**邮　　编：**	100081
责编电话：	010-82000860 转 8763	**责编邮箱：**	laichushu@cnipr.com
发行电话：	010-82000860 转 8101	**发行传真：**	010-82000893
印　　刷：	北京中献拓方科技发展有限公司	**经　　销：**	新华书店、各大网上书店及相关专业书店
开　　本：	720mm×1000mm　1/16	**印　　张：**	10.5
版　　次：	2023 年 3 月第 1 版	**印　　次：**	2023 年 3 月第 1 次印刷
字　　数：	170 千字	**定　　价：**	68.00 元

ISBN 978-7-5130-8693-6

前言

党的十八大以来，习近平总书记就网络强国作出一系列重大决策、提出一系列重大举措，形成网络强国重要思想。总书记在关于网络安全一系列重要讲话中强调："没有网络安全就没有国家安全"；"过不了互联网这一关，就过不了长期执政这一关"；"正能量是总要求，管得住是硬道理，用得好是真本事"；"要从维护国家政治安全、文化安全、意识形态安全的高度，加强网络内容建设，使全媒体传播在法治轨道上运行"；"网络空间是亿万民众共同的精神家园。网络空间天朗气清、生态良好，符合人民利益。网络空间乌烟瘴气、生态恶化，不符合人民利益"；"坚持营造风清气正的网络空间，依法管网治网，建设良好网络生态"；"网络安全为人民，网络安全靠人民"；"要全面提升技术治网能力和水平"。

习近平总书记关于网络强国的重要思想、关于网络安全和意识形态工作的重要论述和网络空间治理新理念、新思想、新战略等是新时代我国互联网内容生态建设的思想指引。

互联网内容生态建设包括互联网内容治理体系建设、内容数字化加工、数字化生产、内容资源管理和信息内容审核等诸多方面。互联网内容生态治理体系建设是建立健全网络综合治理体系，培育积极健康、向上向善的网络文化和切实维护广大网民切身利益的需要；是提高企业内容数字化加工、数字化生产、内容资源管理能力与水平的需要；是加强和创新互联网内容建设，提高互联网优质内容生产与供给能力，提升企业知识服务产品生产能力与知识服务水平的需要；是加强互联网信息内容审核，提升审核能力、审核效率与审核水平的需要；是互联网内容生态建设的重要保障。

本书第 1 章对数字内容产业的内涵及我国数字内容产业的发展态势作了简单分析；第 2 章阐述了我国现有互联网内容治理体系及存在的问题；第 3、4、5 章以出版企业历史资源数字化加工的需求形态为起点，重点讲解数字化内容的生产与内容资源的管理，通过基于 XML 结构的信息内容处理技术的详细讲解，为内容资源的重用及再生服务打好基础；第 6 章分析了我国互联网内容审核管理现状，阐述了第三方内容审核服务的发展状况及存在的主要问题，对第三方内容审核的规范化发展作了具体探讨。希望本书内容对政府互联网内容监管部门及有关企业开展数字出版业务有所裨益。

本书内容主要为北京社科基金规划项目（项目编号：20XCB009）的研究成果，本书在出版过程中得到了北京印刷学院科研项目（项目编号：Ef202004）的资金支持。

由于水平有限，书中观点和内容难免有不足之处，敬请读者批评指正。

黄孝章　田　姝

2022 年 9 月 2 日

目 录

第 1 章　我国数字内容产业发展态势

第 2 章　我国互联网内容治理体系

第3章　内容数字化加工

第4章 数字化生产

第5章 内容资源管理

第6章 内容审核管理

第1章　我国数字内容产业发展态势

1.1　数字内容产业概述

国内外对数字内容产业的提法很多，尚未形成统一的认识。世界各国对数字内容产业的分类也各不相同，差异较大。1995年西方七国信息会议首次提出“内容产业”（Digital Content Industry）概念。1996年欧盟《信息社会2000计划》进一步明确了内容产业的内涵，其涉及移动内容、互联网服务、游戏、动画、影音和数字化教育培训等多个领域；并将“内容产业”的主体定义为“那些制造、开发、包装和销售信息产品及其服务的企业”，包括报纸、书籍、期刊等各种媒介上传播的印刷品内容，音像电子出版物内容，电视、电影等音像传播内容，消费的各种数字化软件等。1998年，经济合作与发展组织（OECD）发表《作为新增长产业的内容》的专题报告，该报告中提到的内容产业主要指数字内容产业（Digital Content Industry），涉及出版、音乐、电影、广播和影视传播等领域。在中国，2003年上海市《政府工作报告》中首次提出“数字内容产业”的概念，指出其是依托先进的信息基础设施与各种信息产品行销渠道，向用户提供数字化的图像、影像、语音等信息产品与服务的新兴产业类型。2006年3月发布的《国民经济和社会发展第十一个五年规划纲要》明确提出，鼓励数字内容产业发展。2014年2月国务院发布《关于推进文化创意和设计服务与相关产业融合发展的若干意见》强调要加快数字内容产业发展。

数字内容产业的概念并非一成不变，随着外部环境变化和技术改进，新的领域替代旧的领域，产业将持续处于更新迭代中，其概念内涵也将不断演进。随着5G的部署和智能技术的发展，数字内容创新产品和创新商业模式将会快速更新迭代，其细分领域将面临新的分类和重组，细分领域数量甚至还会增减。数字内容产业的边界及其包含的细分领域处于动态更迭中。❶

本书不对数字内容产业的定义作过多探讨，重点关注数字阅读、网络视频、短视频、网络直播、网络文学、在线教育、网络广告、网络动漫、网络游戏、网络新闻、在线音乐等数字内容产业细分领域的发展态势。

1.2 数字内容产业发展规模

1.2.1 总体网民规模

中国互联网络信息中心（CNNIC）发布的《第50次中国互联网发展统计报告》数据显示：截至2022年6月，我国网民规模为10.51亿，较2021年12月新增网民1919万，互联网普及率达74.4%，较2021年12月提升1.4个百分点；截至2022年6月，我国手机网民规模为10.47亿，较2021年12月新增手机网民1785万，网民中使用手机上网的比例为99.6%。❷ 中国新闻出版研究院发布的《第十九次全国国民阅读调查》数据显示，2021年我国国民数字化阅读方式（网络在线阅读、手机阅读、电子阅读器阅读等）的接触率为79.6%，较2020年的79.4%增长了0.2个百分点。❸

我国网民规模、手机上网网民规模和国民数字化阅读人群的逐年增长，无疑将进一步促进我国数字内容产业的快速发展。

1.2.2 产业细分行业用户规模

中国互联网络信息中心（CNNIC）发布的《第50次中国互联网发展统计报告》数据显示，2022年6月，短视频的用户规模增长最为明显，较

---

❶ 张立，吴素平，周丹. 国内外数字内容产业概念追踪与辨析［J］. 出版发行研究，2021（4）：43-47.

❷ 中国互联网络信息中心（CNNIC）. 第50次中国互联网发展统计报告［R］. 2022.

❸ 中国新闻出版研究院. 第十九次全国国民阅读调查［R］. 2022.

2021 年 12 月增长 2805 万，增长率达 3.0%；网络新闻、网络直播的用户规模分别较 2021 年 12 月增长 1698 万、1290 万，增长率分别为 2.2%、1.8%。[1]《2021 年度中国数字阅读报告》数据显示，2021 年中国数字阅读用户规模达 5.06 亿，增长率为 2.43%。其中 44.63% 的用户为 19~25 岁用户，27.25% 的用户为 18 岁以下用户。[2]《中国网络表演（直播）行业发展报告（2021—2022）》数据显示，截至 2021 年年底，中国网络直播用户规模达 7.03 亿，占网民整体规模的 68.2%，其中，电商直播、游戏直播、体育直播、真人秀直播、演唱会直播等直播形态用户规模均超 1 亿。

1.2.3　产业收入整体规模

中国新闻出版研究院发布的《2020—2021 中国数字出版产业年度报告》数据显示，2020 年，我国数字出版产业整体收入规模持续增长，全年整体收入规模超过万亿元，达到 11 781.67 亿元，比 2019 年增加 19.23%。[3] 图 1-1 为 2015—2020 年我国数字出版产业整体收入规模情况，自 2018 年以来，我国数字出版产业增长速度逐年提高。

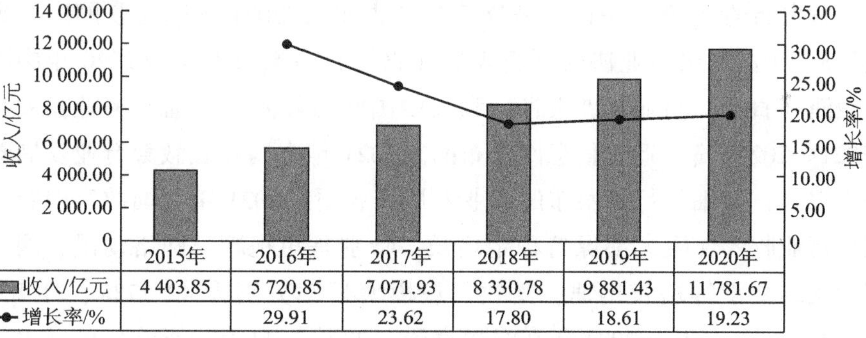

	2015年	2016年	2017年	2018年	2019年	2020年
收入/亿元	4 403.85	5 720.85	7 071.93	8 330.78	9 881.43	11 781.67
增长率/%		29.91	23.62	17.80	18.61	19.23

图 1-1　2015—2020 年我国数字出版产业整体收入规模

数据来源：根据历年《中国数字出版产业年度报告》整理。

---

❶ 中国互联网络信息中心（CNNIC）. 第 50 次中国互联网发展统计报告［R］. 2022.

❷ 中国音像与数字出版协会，中国音数协数字阅读工作委员会，中国移动咪咕数字传媒有限公司 . 2021 年度中国数字阅读报告［R］. 2022.

❸ 中国新闻出版研究院 . 2020—2021 中国数字出版产业年度报告［R］. 2021.

《2020—2021中国数字出版产业年度报告》显示，其涵盖的细分行业主要包括互联网期刊、电子书、数字报纸、博客类应用、网络动漫、移动出版（移动阅读、移动游戏等）、网络游戏、网络视频、在线教育、互联网广告、数字音乐、网络文学等，与本书定义的数字内容产业所涵盖的细分领域接近，因此，数字出版产业的整体收入规模在很大程度上反映了我国数字内容产业的发展情况。

1.2.4 产业细分行业收入规模

从中国社会科学院发布的《2020中国网络文学发展报告》、国家广播电视总局发布的《2020年全国广播电视行业统计公报/2021年全国广播电视行业统计公报》、中国版权协会发布的《2021年中国网络文学版权保护与发展报告》、中国音像与数字出版协会与中国音数协数字阅读工作委员会及中国移动咪咕数字传媒有限公司联合发布的《2021年度中国数字阅读报告》、中国互联网协会发布的《中国互联网发展报告（2021）》、中关村互动营销实验室发布的《2020中国互联网广告数据报告/2021中国互联网广告数据报告》、中国演出行业协会网络表演（直播）分会发布的《2020年中国网络表演（直播）行业发展报告》和《中国网络表演（直播）行业发展报告（2021—2022）》、产业信息网发布的《2021年中国在线教育行业发展规模分析报告》等细分行业发布的产业发展报告看，2021年我国数字内容产业细分行业收入规模大都保持稳定增长，特别是短视频、网络动漫、网络视听、网络文学等增长迅速，其收入规模增长率分别为42.17%、21.83%、22.10%、24.10%。2021年在线教育受“双减”政策的影响，出现大幅下滑，同比下滑25.61%。网络直播也有小幅下滑，同比下滑4.45%。但《中国网络表演（直播）行业发展报告（2021—2022）》显示，截至2021年年末，具有网络表演（直播）经营资质的经营性互联网文化单位数量较2020年增长17%，预计2022年网络直播市场规模将有所回升。

从数字内容产业各细分行业用户规模及市场规模发展情况看，数字内容产业发展势头强劲，已经成为我国数字经济发展的重要支柱。

随着云计算、大数据、人工智能、区块链、5G、VR/AR及元宇宙等技术的发展，数字内容产业将迎来黄金发展期，一方面产业规模将大幅提升，另一方面数字内容将呈爆发式增长。特别是元宇宙时代，每个用户都能参与生态共建，UGC 内容（用户生产内容）将成为元宇宙的主流，用户在元宇宙当中，既是数字内容的消费者，也是数字内容的生产者。元宇宙中海量的数字内容、新型的数字内容形态和用户身份的隐匿性等问题将给互联网信息内容审核和监管带来巨大挑战，同时也对信息内容审核人员素质及审核技术等提出了更高的要求。

第 2 章　我国互联网内容治理体系

2.1　现有治理体系架构

我国现有互联网内容治理体系主要包括治理主体、治理客体、治理工具和法规体系等几个部分，如图 2-1 所示。

2.1.1　治理主体

我国互联网内容生态治理主体可分为政府监管部门、有关行业协会、互联网信息内容服务平台和社会公众四个类别。

（1）政府监管部门

政府监管部门主要包括中共中央宣传部（以下简称“中宣部”）、国家互联网信息办公室（以下简称“国家网信办”）、国家广播电视总局、国家新闻出版署（国家版权局）、国家电影局、工业和信息化部（以下简称“工信部”）、文化和旅游部、公安部、教育部等及地方各级宣传部、网信办、广播电视局、新闻出版局、文化局等职能部门。政府监管部门的监管工作主要包括法律法规建设及有关政策文件的制定、互联网资质管理和治理行动等。

在法律法规建设方面，近年来，我国颁布了《中华人民共和国网络安全法》《中华人民共和国数据安全法》《中华人民共和国个人信息保护法》等法律法规，出台了《互联网用户账号信息管理规定》《网络安全审查办法》《网络信息内容生态治理规定》《网络音视频信息服务管理规定》《互联网视听节目服务管理规定》《互联网直播服务管理规定》等一系列政策文

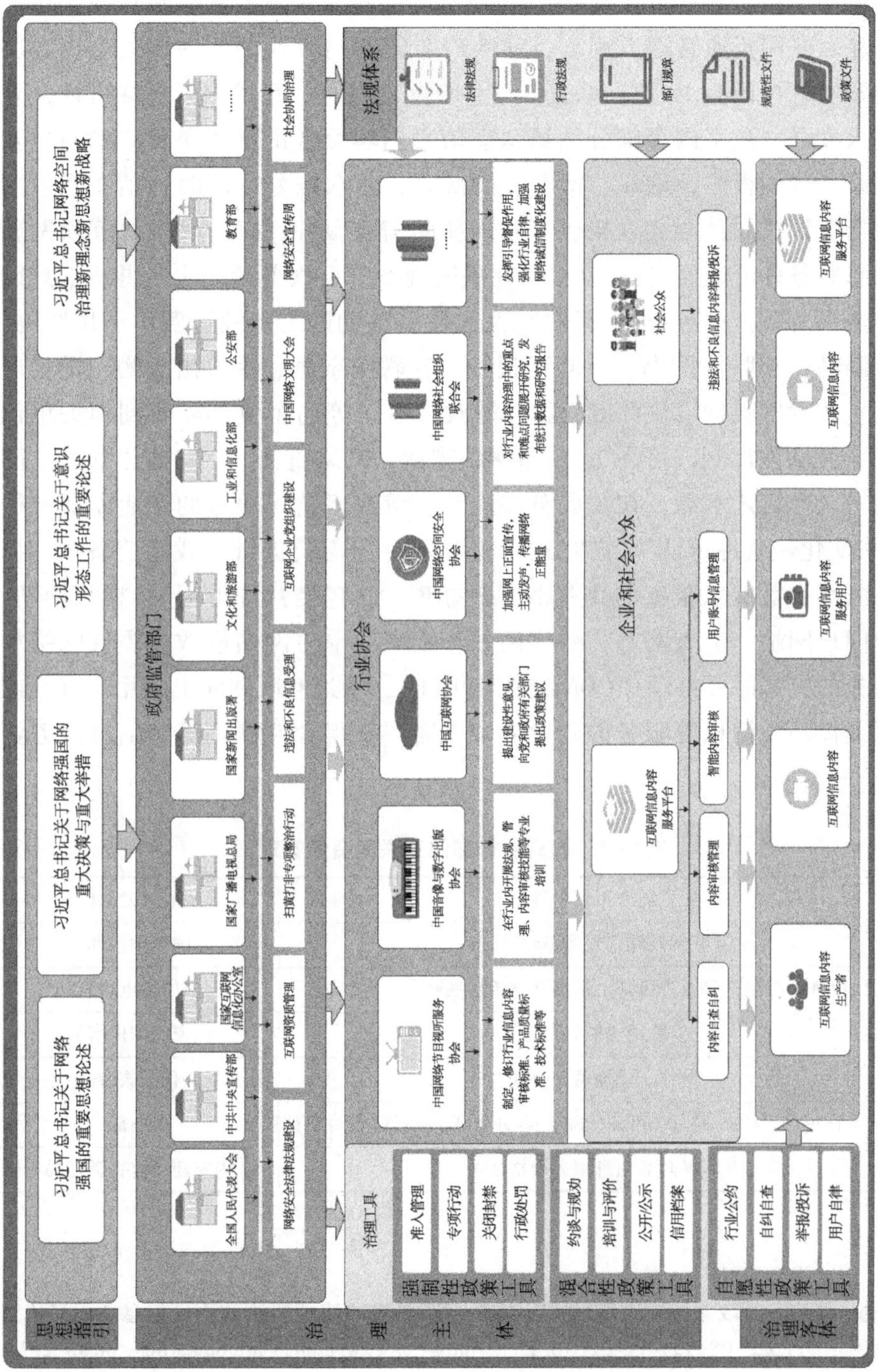

图 2-1　我国互联网内容治理体系结构

件和部门规章，共计 100 余部[1]，网络安全政策法规体系基本形成。

在互联网资质管理方面，目前政府监管部门管理的互联网信息内容服务类资质许可证有 10 种，见表 2-1。取得表中所示互联网资质许可证是企业进入互联网数字内容细分领域从事信息内容服务的准入条件。如通过互联网站、应用程序、论坛、博客、微博客、公众账号、即时通信工具、网络直播等形式向社会公众提供互联网新闻信息服务，应当取得“互联网新闻信息服务许可证”；向公众提供互联网视听节目服务活动应取得“信息网络传播视听节目许可证”；凡是在互联网和移动网上上线运营电子出版物、音像制品、互联网图书、互联网报纸、互联网杂志、手机出版物、学术出版物、艺术出版物、教育出版物、游戏、地图等的企业都需要到相关单位申请“互联网出版许可证”；从事网络视频、网络直播、网络音乐娱乐、网络动漫、网络艺术品、在线展览和比赛、游戏运营等服务的企业需要取得“网络文化经营许可证”，游戏运营企业同时还需要进行游戏运营备案；提供互联网有偿信息服务的企业都需要办理“ICP 经营许可证”；视频网站、单位门户网站、个人网站、购物网站、企事业单位网站或数据提供网络加速服务的，都需要办理“CDN 经营许可证”；通过互联网向上网用户有偿或无偿提供药品信息等服务的企业或个人需要获得“互联网药品信息服务资格证书”。

表 2-1　政府监管部门互联网资质管理

资质许可证名称	政府核发部门
互联网新闻信息服务许可证	国家网信办
广播电视节目制作经营许可证、信息网络传播视听节目许可证	国家广播电视总局
互联网出版许可证	国家新闻出版署
网络文化经营许可证	文化和旅游部
ICP 经营许可证、CDN 经营许可证、SP 经营许可证、IDC 经营许可证	工信部
互联网药品信息服务资格证书	国家药品监督管理局

[1] 张岗，黄政龙．中央网信办：2019 年以来累计清理违法和不良信息 200 多亿条［EB/OL］．（2022-08-19）［2022-10-25］．https：//www. chinacourt. org/article/detail/2022/08/id/6872643. shtml.

（2）行业协会

行业协会主要工作包括：

①基于法规体系和监管部门要求，制定和修订本行业信息内容审核标准、内容产品质量标准、技术规范等，推动行业规范化发展。如网络视听节目服务协会制定的《网络视听节目内容审核通则》《网络短视频内容审核标准细则》《网络综艺节目内容审核标准细则》《视音频内容分发数字版权管理技术规范》；音像与数字出版协会制定的《电子出版物技术质量要求》《游戏音频设计与开发流程》等。

②在行业内开展法规、管理、技能等专业培训，提高行业从业人员业务能力。如网络视听节目服务协会举办的网络视听节目审核员培训班；中国网络社会组织联合会举办的互联网信息审核员培训班和互联网风控讲座；音像与数字出版协会举办的编辑数字化技能实务培训班、出版业高质量发展培训班、出版职业素养提升培训班等。

③加强行业自律，制定行业自律公约，弘扬正能量，促进行业健康发展。如中国网络社会组织联合会发布的《网络社会组织自律公约》《互联网信息服务算法应用自律公约》；网络空间安全协会制定的《网络空间安全行业职业道德准则》《中国网络空间安全协会个人信息保护自律公约》《网络空间安全行业自律公约》等。

（3）互联网信息内容服务平台[1]

互联网信息内容服务平台作为治理主体需要对信息内容生产者、网络信息内容和网络信息内容服务使用者等进行监督、审核和管理。《网络信息内容生态治理规定》第八条至第十条规定了网络信息内容服务平台的信息安全管理职责，其对网络信息合法合规性的管理具有直接主体责任。网络信息内容服务平台对其平台内生产者和使用者发布信息的合法合规性有监督管理职责。

（4）社会公众

根据《网络信息内容生态治理规定》第二十条："鼓励网络信息内容服务使用者积极参与网络信息内容生态治理，通过投诉、举报等方式对网上

---

[1] 本书所称互联网信息内容服务平台，即《网络信息内容生态治理规定》中所称的网络信息内容服务平台，是指提供网络信息内容传播服务的网络信息服务提供者。

违法和不良信息进行监督，共同维护良好网络生态。”社会公众可以通过国家网信办违法和不良信息举报中心、中国互联网联合辟谣平台、12321网络不良与垃圾信息举报受理中心、地方网信办违法和不良信息举报中心、网络信息内容服务平台设置的投诉举报入口等途径对违法和不良信息、谣言、垃圾信息和诈骗信息等进行举报和投诉。据“中央网信办举报中心”微信公众号消息，2022年7月，全国网信举报工作部门、主要网站平台受理举报达1441.4万件。社会公众是网络信息内容生态治理的重要主体，已经成为维护清朗网络空间不可或缺的重要力量。

2.1.2 治理客体

治理客体包括互联网信息内容生产者、互联网信息内容、互联网信息内容服务用户、互联网信息内容服务平台。《网络信息内容生态治理规定》第六条规定了网络信息内容生产者不得制作、复制、发布的十一类违法信息，第十条规定网络信息内容服务平台不得传播第六条规定的信息，第十八条规定网络信息内容服务使用者在以发帖、回复、留言、弹幕等形式参与网络活动时，不得发布第六条规定的违法信息。

在内容生态治理体系中，互联网信息内容服务平台和互联网信息内容服务平台用户既是治理主体，也是治理客体。互联网信息内容服务平台一方面作为治理主体，需要对平台信息内容、信息内容生产者及信息内容服务平台用户进行监督和管理；另一方面作为治理客体，需要接受政府监管部门的监督和检查。同样互联网信息内容服务平台用户一方面作为社会公众可以对网上违法和不良信息及传播违法和不良信息的平台进行投诉和举报，另一方面又需要接受平台的监督和管理。

2.1.3 治理工具

治理工具又称为政策工具或政府工具，是指各种主体尤其是政府，为了实现和满足公共需求、治理公共问题所采取的各种方法、手段、实现机制和制度安排。治理工具有多种分类方法，本书采用迈克尔·豪利特（Michael Howlett）和M. 拉米什（M. Ramesh）的分类方法，即依据强制性程度将治理工具分为三类：强制性政策工具、混合性政策工具和自愿性政策工具。强制性政策工具主要包括准入管理、专项行动、关闭与封禁、排查清理、查处与追责、行政处罚、停业整顿等。混合性政策工具主要包括信用档案、培训与评价、约谈与警告、公开与公示等。自愿性政策工具主要包括平台自纠自查、行业公约、社会公众举报/投诉、用户自律等。

2.2 治理效果分析

近年来，在习近平总书记网络强国重要思想的指引下，我国网络内容生态治理水平大幅提升，成效明显。

2.2.1 网络法治体系不断完善

党的十八大以来，习近平总书记高度重视依法治网工作，作出一系列重要指示批示，提出一系列明确要求，使我国网络空间法治建设得以快速推进。

近年来，我国颁布了《中华人民共和国网络安全法》《中华人民共和国数据安全法》《中华人民共和国个人信息保护法》等法律法规，出台了《互联网用户账号信息管理规定》《网络安全审查办法》《网络信息内容生态治理规定》《网络音视频信息服务管理规定》《互联网视听节目服务管理规定》《互联网直播服务管理规定》等一系列政策文件和部门规章，制定发布340余项网络安全国家标准[1]，主导和参与发布多项国际标准，网络安全政策法规体系基本形成，网络法治体系日益完善，网络空间日渐清洁。

2.2.2 专项整治行动成果显著

为净化网络空间，国家网信办、全国“扫黄打非”工作小组办公室、国家新闻出版署（国家版权局）、工信部、公安部等监管部门每年都会开展一系列专项行动，如国家网信办开展的“清朗”系列专项行动，国家新闻出版署（国家版权局）开展的“剑网”整治行动，全国“扫黄打非”工作小组办公室开展的“扫黄打非·新风”集中行动（包括“净网”“护苗”

[1] 筑牢全民网络安全“防火墙”——我国网络安全工作成就综述［EB/OL］.（2022-09-05）［2022-10-25］. https：//m. gmw. cn/baijia/2022-09/05/36003079. html.

“秋风”等专项行动)。据国家网信办副主任牛一兵介绍，2019年以来，通过近30项专项治理，清理违法和不良信息204.93亿条、账号13.89亿个，下架违法违规应用程序6.7万余款，关闭违法网站4.2万余家。[1] 从全国“扫黄打非”工作小组办公室公布的数据来看，2019、2020、2021年度全国各地“扫黄打非”工作部门通过专项整治行动处置各类有害信息分别为1113万条、1200万条、1900万条，其中2021年度共取缔关闭违法网站11万余个，查处“扫黄打非”网络案件4500余起，有力打击了违法犯罪活动。

专项整治行动成效显著，有力打击了网络违法犯罪活动，为营造良好的网络生态环境提供了有力保障，赢得了广大网民好评。

2.2.3 网络信息内容服务平台主体责任不断夯实

近年来，国家互联网监管部门为加强网络内容建设，深化网络生态治理，采取持续严管高压态势，治理网络乱象。2020年3月1日《网络信息内容生态治理规定》正式施行后，按照国家网信办统一部署，各网站平台对照《网络信息内容生态治理规定》要求开展自查自纠活动。截至2022年6月29日，自查自纠期间，各网站平台认真梳理薄弱环节和漏洞短板，从机制、队伍、产品、技术等不同维度发力，多措并举推动生态治理取得新进展。有的网站平台抓紧建章立制，弥补制度漏洞，如百度、优酷等逐条对照《网络信息内容生态治理规定》条款修订内部制度、更新用户协议，确保与《网络信息内容生态治理规定》内容衔接对应；有的加强队伍建设，明确责任分工，如搜狐、网易、快手等网站平台均成立网络生态治理专项小组，明确治理负责人，明晰人员责任、强化部门联动，全面高效推进生态治理工作；有的不断优化技术手段，提升处置效率，如今日头条、小红书调整算法推荐逻辑，完善色情低俗图片模型库，运用人工智能技术手段，进一步提升审核效率，切实净化平台网络生态环境。[2]

为进一步压实网站平台信息内容管理主体责任，切实提升管网治网水

---

[1] 盛荣华. 加快建立网络综合治理体系 全面提升治网管网能力水平［J］. 中国网信，2022（3）.

[2] 《网络信息内容生态治理规定》施行以来网站平台自查自纠见成效［EB/OL］.（2020-06-29）［2022-10-25］. http://www.cac.gov.cn/2020-06/29/c_1594983545070661.htm.

平，2021 年 9 月 15 日国家网信办发布了《关于进一步压实网站平台信息内容管理主体责任的意见》。《关于进一步压实网站平台信息内容管理主体责任的意见》从完善平台社区规则、加强账号规范管理、健全内容审核机制、提升信息内容质量、规范信息内容传播、加强重点功能管理、坚持依法合规经营、严格未成年人网络保护、加强人员队伍建设等 9 个方面，对网站平台履行信息内容管理主体责任提出了具体要求。

《网络信息内容生态治理规定》和《关于进一步压实网站平台信息内容管理主体责任的意见》的实施，不断夯实了网站平台主体责任。各网站平台通过规范内部管理、加强信息内容审核、提升内容质量、积极履行主体责任等，使网络生态环境更加清朗，文明风尚更加彰显，全社会共建共享网上美好精神家园的新格局正在形成。

2.3　现有治理体系存在的问题

2.3.1　根本性问题难以解决

“清朗”“剑网”“净网”等专项行动，为维护我国网络内容安全发挥了十分重要的作用，取得了显著成效。但同时我们也要看到，随着数字经济和数字内容产业的快速发展，互联网信息内容呈爆发式增长，从长期来看，现有的“警告”“约谈”“处罚”“封禁”“关闭”“查删屏蔽”“清理下架”等治理方式仍难以解决根本问题。如图 2-2 所示，从国家网信办违法和不良信息举报中心公布的数据看，2021 年全国违法和不良信息举报受理总量整体呈增长趋势，2022 年 1—6 月份较 2021 年 1—6 月份表现出小幅增长，最高的 1 月份同比增长率为 31.52%，最低的 5 月份同比增长率为 3.90%。

从全国“扫黄打非”工作小组办公室公布的 2019—2021 年度“扫黄打非”工作数据看，如图 2-3 所示，2019—2021 年全国“扫黄打非”工作处置的各类有害信息数量呈增长趋势，2021 年指导互联网企业处置各类有害信息数量较 2020 年有大幅增长。

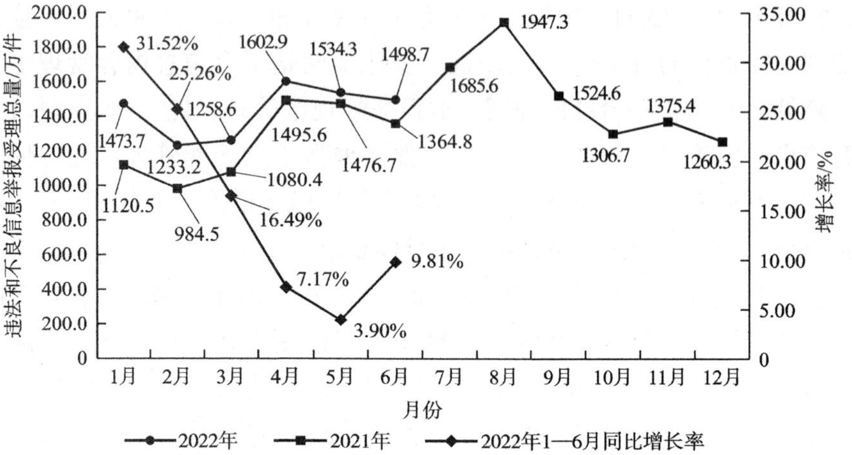

图 2-2　2021—2022 年全国违法和不良信息举报受理总量情况

数据来源：根据国家网信办违法和不良信息举报中心公布的数据整理。

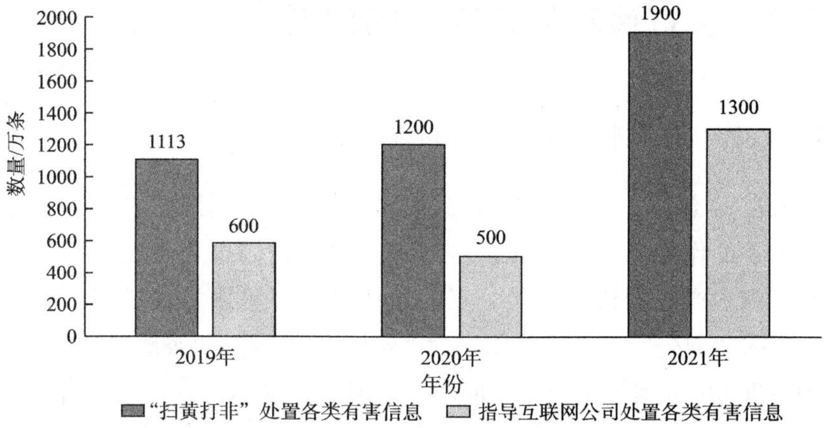

图 2-3　2019—2021 年全国"扫黄打非"工作处置各类有害信息情况

数据来源：根据全国"扫黄打非"工作小组办公室公布的 2019—2021 年度"扫黄打非"工作十大数据整理。

互联网违法和不良信息屡禁不止，屡打不绝且呈增长趋势，其主要原因是企业内容审核成本过高。《网络信息内容生态治理规定》第九条强调，网络信息内容服务平台应当配备与业务范围和服务规模相适应的专业人员，加强培训考核，提升从业人员素质；《网络短视频平台管理规范》提出，网络平台开展短视频服务，应当根据其业务规模，同步建立政治素质高、业务能力强的审核员队伍。审核员应当经过省级以上广电管理部门组织的培训，审核员数量与上传和播出的短视频条数应当相匹配。目前网络信息内容服务平台，特别是中小型平台普遍存在审核人员数量不足，审核员业务素质低、审核经验不足等问题。互联网图片、短视频、直播、游戏、动漫、VR/AR 视频等内容的爆发式增长，给网络平台审核员队伍建设提出了更高的要求，同时也给网络平台带来了巨大的审核成本负担，这无疑将影响到网络平台审核员队伍建设和网络平台内容审核质量。

内容审核成本高、审核效率和审核水平低、审核能力不足等已经成为网络信息内容服务平台内容审核的痛点和难点问题，也是亟待解决的根本性问题。

2.3.2　治理成本高

（1）参与监管的政府部门多

目前，我国参与互联网监管的政府部门多，包括中宣部、国家网信办、国家广播电视总局、国家新闻出版署（国家版权局）、国家电影局、工信部、文化和旅游部、公安部、教育部等及地方各级宣传部、网信办、广播电视局、新闻出版局、文化局等职能部门。

（2）执法队伍逐年扩大

目前，我国各省（自治区、直辖市）均建设有“扫黄打非”执法队伍。2021 年“扫黄打非”基层站点数达到 77.2 万个，较 2020 年增长 7.4%，“扫黄打非”执法队伍逐年扩大（图 2-4）。

（3）专项整治行动多

为净化网络空间，国家互联网监管部门每年均会开展“清朗”“净网”“剑网”“护苗”等专项整治行动。如“剑网”专项行动，自 2005 年开始已经连续开展了 17 年。近几年，随着短视频、网络直播的快速发展，非法有害网络直播、网络社交平台有害信息日益增多，政府监管部门更是加大了执法与打击力度。2019 年以来，开展了近 30 项的专项治理行动。2022 年北京冬奥会、冬残奥会期间，国家版权局会同工信部、公安部、文旅部、国家广播电视总局、国家网信办六部门联合开展了冬奥版权保护集中行动，重点整治通过广播电视、网站、IPTV、互联网电视等平台非法传播冬奥赛事节目的行为，重点打击短视频平台未经授权提供冬奥赛事节目盗播链接的行为。集中行动期间，全国各级版权执法部门共出动执法人员 18.5 万人次，检查实体市场相关单位 8.9 万余家，推动网络平台删除涉冬奥侵权链接 11.07 万个，处置侵权账号 10 072 个。❶

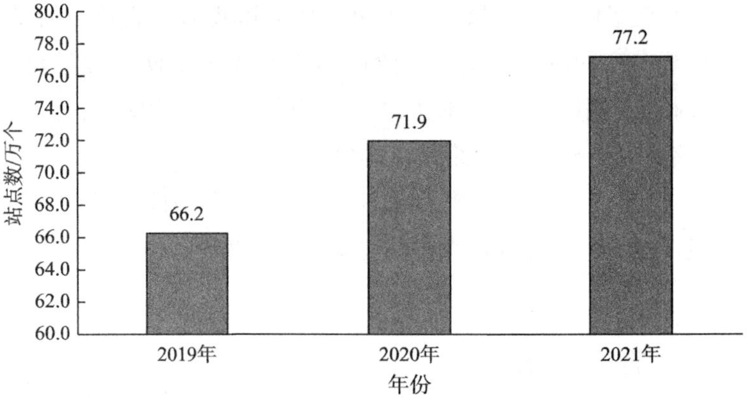

图 2-4　全国“扫黄打非”基层站点数

数据来源：中国扫黄打非网。

2.4　治理体系的发展与创新

从长期来看，现有的“听证与约谈”“封堵关闭”“查删屏蔽”“清理下架”等这种粗放式治理方式仍难以解决根本问题。政府监管部门要想降低治理成本、彻底排除内容安全这颗“雷”，网络信息内容服务平台要想少碰或者不碰内容安全这颗“雷”，需要政府监管部门和网络信息内容服务平台更新思想观念，转变思维模式，不断推进互联网内容生态治理体系的创新与发展。

近几年来，随着互联网文字、图片、音视频、直播、动漫、游戏、VR/AR 视频等内容的爆发式增长，第三方内容审核市场参与者与日俱增，市场规模不断扩大。在国家日趋严格的内容监管要求下，加强内容审核和内容风控管理已成为网络信息内容平台的刚性要求。目前许多政府部门、事业

❶ 中宣部版权管理局：将启动“剑网 2022”专项行动［EB/OL］.（2022-04-26）［2022-10-26］. https：//m. gmw. cn/baijia/2022-04/26/35691397. html.

单位、工商企业、互联网电商等非内容型企业和越来越多的中小型内容型企业正通过购买第三方内容审核服务来满足自身的内容审核需求，第三方内容审核服务市场发展迅速。

第三方内容审核是相对“第一方”内容生产方和“第二方”内容运营平台方而言的。是由独立的第三方机构来承担第一方或第二方内容审核任务的一种业务形式。第三方内容审核已经成为互联网信息内容审核一支不可或缺的重要力量，在互联网内容生态治理中扮演着越来越重要的角色。将第三方内容审核机构作为治理主体纳入互联网内容生态治理体系，构建基于第三方内容审核的互联网内容生态治理体系，实现互联网内容治理模式创新，一方面可以让第三方内容审核机构作为治理主体承担内容审核和管理责任，政府监管部门可以将工作重心转移到加强第三方内容审核服务的建设和监管上来，从而从烦琐的各类专项行动中解脱出来，大大降低治理成本。另一方面也可以大幅减少企业特别是非内容型企业和中小型内容型企业审核员队伍建设和智能审核技术应用等方面的投入，从而大大降低内容审核成本，解决企业内容审核中的痛点和难点问题。

第3章　内容数字化加工

3.1　信息技术应用简要回顾

王选教授曾经指出，印刷出版行业是最早使用计算机的行业之一，但是这个行业的信息化发展却比较缓慢。究其原因，其他部门的信息化建设，在产品层面只是其产品元数据的数字化，产品本身的物理性质并没有改变；而出版业的信息化是内容生产的信息化，不仅产品元数据数字化，而且产品本身也数字化，从原子形态变成比特形态了。因此，中文信息处理技术是出版行业最重要的信息化技术。

3.1.1　中文信息处理技术的应用

虽然出版行业应用计算机进行排版已有几十年历史，但印刷出版和电子出版之间，很长时间里软件技术互不兼容，绝大部分常用的文字编辑排版软件都是面向打印和印刷的。印刷排版软件技术的着眼点在于图文并茂，字体清晰，印刷精美，印刷出版的“人性化因素”使图书不需要任何特殊设备便可阅读，便于注释。从数字技术的角度考察，印刷出版的排版软件处理对象为线性结构文件，不具备检索、重用的功能。其后电子出版的发展产生了全文数据库电子出版物。数据库软件的处理对象是数字化的结构性文件，它能够提供数据存储和分析能力。电子出版的优势是可以进行数据的索引、排序、查找、在线浏览，相关一致性检查，可以提供强大的检索功能。

尽管两种出版方式都使用计算机系统，但是两种文本的显示格式不能互通，这就提出了如何使创建的数字内容既可以用于印刷出版，又可以用于电子出版的技术要求。解决这个问题的途径是将这些软件输出的结果数据进行归一化处理，将这些数据转换成为 XML[1] 文件格式存储到内容资源管理系统（Content Resource Management System，CRM）中，经过出版引擎实现出版产品的跨媒体发布。出版信息的 XML 结构化处理、XML 数据的存储与检索以及出版信息的跨媒体发布，构成该系统的技术核心。如图 3-1 所示。

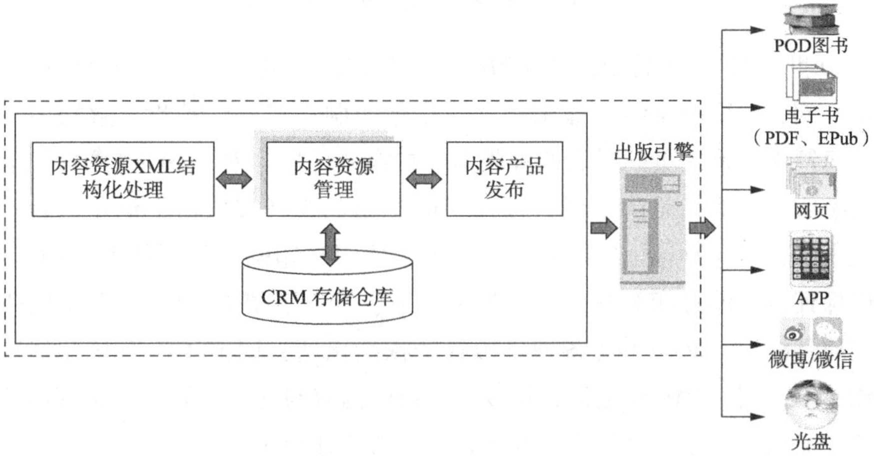

图 3-1　内容信息归一化处理跨媒体发布

CRM 系统适合跨媒体出版的要求。通过 CRM 系统，出版信息的跨媒体检索、重用、挖掘、交易能够展开，使出版信息的生命周期得到有效的延长。因此，实现 CRM 系统中文档格式转换的自动处理，是人们一直追求的目标。但目前的技术离人们的期望还有相当的差距，以至于大量的数据转换需求，衍生出一个专门从事转换数据格式的数据加工行业。

CRM 技术与跨媒体出版技术的有机结合，给数字出版技术的发展提供了巨大的发展空间。数字出版技术属于信息技术的研究与应用领域，因而数字出版的本质是对内容的深度加工、分类与整合，是内容的信息化而不是简单的电子化和屏幕化。中文信息智能化处理是计算机中文信息处理的

[1] 可扩展标记语言（Extensible Markup Language，XML），是用于标记电子文件使其具有结构性的标记语言，可以用来标记数据、定义数据类型，也是一种允许用户对自己的标记语言进行定义的源语言。XML 是标准通用标记语言（SGML）的子集，非常适合 Web 传输。XML 提供统一的方法来描述和交换独立于应用程序或供应商的结构化数据。

基础性研究，是信息处理的关键技术。有许多研究人员在这一领域耕耘攻关，但至今仍处在技术突破的前夜。由于中文信息处理的特殊性，解决中文信息的复合出版、自动标引、自动分类、自动聚合、智能检索，只有在中文出版的过程中才能实现；只有解决数字出版关键技术，才能最终解决出版行业信息化落后的状况。

3.1.2 XML 成为跨媒体出版的重要标准

20 世纪 80 年代后期，全文数据库出版解决了电子版格式与打印版格式的统一问题，即检索结果显示格式与排版印刷格式的一致性。解决的方法是，每篇文档每一页同时有两种版本：扫描图像版本和用 SGML[1] 标记语言的文字版本。标记是隐形的，最终在网页浏览或者阅读器上浏览，看不到标记本身，而只有标记的结果。扫描图像使用与印刷版相同的图案和布局，能够保证每页的打印和显示与印刷版一致。由于扫描图像没有电子版所需要的属性标识，文档中的各种排版符号依然保留，因而不能直接在计算机上浏览。采用 SGML 标记语言可以将文档的内容与样式分开，正文则用于建立全文索引，以便信息检索和在屏幕上能够快速显示。

在美国，早期的 SGML 使用者是科技期刊出版商，由于科技期刊内容充斥着复杂的公式、表格和图片，版面复杂，无论是印刷版还是电子版，都是最难制作的出版物。学术期刊比其他出版领域更多地使用 SGML，芝加哥大学出版社的《天体物理学期刊》从 1994 年开始采用基于 SGML 的工作流程，1995 年开展网络出版时，所有的 SGML 文件转换成 HTML[2] 文件，在很

---

[1] SGML（Standard Generalized Markup Language），即标准通用标记语言，是国际化标准组织（ISO）于 1986 年出版发布的信息管理方面的国际标准（ISO 8879：1986 信息处理）。该标准定义独立于平台和应用的文本文档的格式、索引和链接信息，为用户提供一种类似于语法的机制，用来定义文档的结构和指示文档结构的标签。其中 Markup 的含义是指插入到文档中的标记。制定 SGML 的基本思想是把文档的内容与样式分开。SGML 是一种在 Web 发明之前就已存在的用标记来描述文档资料的通用语言。但 SGML 十分庞大且难于学习和使用。

[2] HTML（Hypertext Markup Language），即超文本标记语言，是用于描述网页文档的一种标记语言。互联网是建立在超文本基础之上的，文本中包含了“超级链接”点。所谓超级链接，就是一种 URL 指针，通过激活（点击）它，可使浏览器方便地获取新的网页。这也是 HTML 获得广泛应用的最重要原因之一。

短时间里几乎没有增加额外成本就实现了双轨出版。现在，学术期刊以及其他出版则采用 SGML 的后续技术 XML，即可扩展标记语言。

出版信息的 XML 结构化，为实现自动的跨媒体出版打下良好的数据基础。XML 数据配上用于显示 XSLT[1] 的样式数据，解决了出版信息在互联网上的发布。但是，XML 数据解决出版信息到印刷和光盘的发布还存在障碍，特别是在 RIP[2] 不支持 XML 输出的情况下，出版信息到印刷和光盘的跨媒体还难以实现。解决这个瓶颈的一种方法是，通过软插件技术将 XML 数据直接嵌入到排版软件的版面上，由排版软件实现 XML 数据到 PS（Photoshop）[3] 数据的转移。纸介质的出版信息发布问题解决后，可以将 PS 数据转换为 PDF[4] 格式，光盘发布的问题也迎刃而解。[5]

21 世纪伊始，在出版领域，为一种出版物同时制作电子版与印刷版的文档处理软件使跨媒体出版开始流行。运用 XML 标记语言规定的元数据结构，实现了新闻信息的内容描述、交换和再利用，电子文件能按照不同的方式呈现内容，既可在屏幕上显示，也可用于印刷。在报业，出版纸质报纸、网页新闻以及 2005 年以后广泛流行的手机报，形成“纸网互动、滚动报道”的立体报群传播态势，技术上都要归功于 XML 成为中文新闻信息置

---

[1] XSLT（Extensible Style sheet Language Transformations）在计算机科学中是扩展样式表转换语言的简称，这是一种对 XML 文档进行转化的语言，XSLT 中的 T 代表英语中的“转换”（transformation），它是可扩展样式表语言 XSL 规范的一部分。

[2] RIP（Raster Image Processor）是光栅图像处理器，对于计算机直接制版系统来说，RIP 的主要作用是将计算机制作版面中的各种图像、图形和文字，转换成打印机或照排机能够记录的点阵信息，然后控制打印机或照排机将图像点阵信息记录在纸上或胶片上。

[3] PS（Photoshop）是 Adobe 公司旗下最出名的图像处理软件之一。它不仅是一个很好的图像编辑软件，同时它的应用领域很广泛，在图像、图形、文字、视频、出版各方面都有涉及。

[4] PDF（Portable Document Format）是 Adobe 公司开发的电子文件格式。该格式与操作系统平台无关，这一特点使它成为在 Internet 上进行电子文档发行和数字化信息传播的理想文档格式。PDF 文件格式可以将文字、字型、格式、颜色及独立于设备和分辨率的图形图像等封装在一个文件中。该格式文件还可以包含超文本链接、声音和动态影像等电子信息，支持特长文件，集成度和安全可靠性都较高。经中国国家标准化管理委员会批准，PDF 文件格式已成为正式的国家标准，《文献管理 可移植文档格式第 1 部分：PDF1.7》（GB/T 32010.1—2015）。

[5] 肖建国．XML 和 DAM 技术与跨媒体出版［J］．中国印刷，2001（4）：6-7.

标语言在报业的应用。❶

目前，一些中文处理软件能够直接利用排版软件产生电子文本，加工成计算机可读的电子书，其加工过程不是在排版文本产生之后而是融合在排版过程之中。也有出版社开发出利用数字化加工的 PDF 文件，自动生成图书的 XML 元数据信息的转换软件，在跨媒体出版方面有了自主开发的信息处理技术。

3.2 什么是内容数字化加工

传统出版企业认识到，文化产业的发展核心是内容，向数字化转型是出版企业发展的必由之路。实现传统出版与数字出版的融合发展，需要利用各种类型的信息加工方式，完成存量出版资源的数字化整理加工，加快数字内容资源的深度整合，加速内容的数字化。在此基础上，实现内容资源全方位、深层次的开发利用，并借助互联网、智能手机、电子书阅读器、平板电脑等新型传播途径，重构知识与内容的传播渠道。对内容数字化加工的理解，体现出业界对数字出版本质认识的不断深化过程。

3.2.1 内容数字化加工的含义

内容数字化加工是针对出版物、表单、公文、档案文献等内容资源，通过专业化的解决方案，加工成多种可编辑电子格式文件的活动。❷ 主要是完成对内容资源的加工、分类和标引工作。内容数字化加工包括两个方面，一方面是对纸质出版物进行数字化、代码化识别、审校、重排、标引；另一方面也可以是对已有的各类型电子文档、电子书、电子档案等内容进行基础标引和各种基于专业需求的深度标引。

---

❶ 新闻领域的中文信息处理率先实现 XML 标引，并已经颁发国家标准《中文新闻信息置标语言》（GB/T 20092—2006）。

❷ 参见《内容资源数字化加工第 1 部分：术语》（GB/T 38548.3—2020）。

内容数字化加工，首先要对所采集的内容进行数字化转换（OCR/SCAN）[1] 处理，然后进行人工标引加工处理。现在，有的出版企业已经自主开发出多核心 OCR 数据加工生产线，具有完备的流水线式操作体系和管理监控系统。更进一步，信息处理技术能够自动提取其中的标注（Tagged）内容及全文文本，对内容进行过滤、分类或自动摘要。最终，经过标引的内容转化成内部标准格式，并与其关联的对象（包括图片、原版式等）一起装入内容资源库中存储，供查询、挖掘及应用。

3.2.2　内容数字化加工的作用

对传统出版企业开展数字出版来说，将存量内容资源和增量内容资源内容进行电子化、代码化入库，进行基于整书元数据的 XML 标引，作用在于建设 CRM 系统，实现内容资源的跨媒体出版。历史资源的数字化整理加工，是一件最基础、最基本的工作，每种出版物的全部信息都要通过数字化加工进入 CRM 系统，实现从一个入口直接找到相关的信息；对系列丛书能够有效关联，甚至实现资源之间的有效关联；对多版本信息也要各自独立加工、入库管理，并且不同版本之间也能够进行有效关联。

数字化内容资源的建设与管理对现有印刷品的数字化需求越来越重要，OCR 技术应用成为 CRM 系统建设中的重要阶段，同时也是数据加工的核心技术。经 OCR 技术处理的电子文档，可广泛应用于各种电子出版物、网络资源、各种大型文献资料数据库、数字图书馆等众多领域，也是出版企业内容资源开发利用的必经阶段。

由于出版企业对存量出版资源的数字化整理加工的需求不一样，因此，加工的层次有初级和高级之分。最常见的如经过数字化加工的图像 PDF 文件格式，能够将纸质文档转换成图像文档进行阅读；或者进一步，将文档内容转换成计算机代码，保持图书的原版原式进行阅读。通常，这种模式实现了图书内容从纸质文档向图像文档的转换，能够满足出版企业最基本的出版资源电子化、代码化需求，以及读者最基础的阅读需求。为了满足

[1] OCR（Optical Character Recognition），即光学字符识别；SCAN，即扫描。通过光学扫描仪和计算机的配合，OCR 软件将图像数据进行运算分类后转化为计算机内码。它可以极大地减轻数据录入工作的强度、提高数据录入的速度。

未来数字出版新商业模式对数字出版产品的要求，还需要实现元数据内容的自定义和可扩展，以及基于内容的深度标引，以期能够满足“一次制作、多元生成的多渠道传播”的跨媒体、跨渠道出版需要。

通过数字化加工，使内容能够在纸本上、屏幕上显示阅读，使之不断开发创造数字阅读的新模式、出版传播的新模式及出版企业盈利的新模式。

3.2.3 内容资源数字化加工规格

内容资源的数字化加工规格是指对文本、图片、音频、视频、动画、VR视频（电影、动画等）、公式、表格等内容资源的数字化加工规范性要求，包括存储格式、加工质量、技术参数等。如文本的存储格式就有TXT、PDF、XML、Epub、DOC/DOCX、XLS等，图片的存储格式有TIFF、BMP、JEPG、PNG、GIF等，音频的存储格式有WMA、MP3、AAC、BWF、WAV等，视频存储格式有MPEG-2、MPEG-4、AVI、FLV、RM、MP4、WMV等。VR视频的存储格式和普通视频类似，有MP4、AVI、WMV、RM、ASF、MPEG等。VR视频按像素排布形状分，可分为矩形、半景、全景、鱼眼四类，按维度分可分为2D、3D两类，VR视频模式可分为矩形2D、半景2D、全景2D、鱼眼2D、矩形3D、半景3D、全景3D、鱼眼3D八个大类。❶ 因此，在内容资源数字化加工过程中，究竟采用何种存储格式，加工质量和技术参数必须满足什么样的要求，需要根据企业实际的出版需求决定，具体可以参考有关国家标准和行业标准。如：《内容资源数字化加工第3部分：加工规格》（GB/T 38548.3—2020）对文本、图片、音频、视频、公式、表格等内容资源的数字化加工质量、存储格式、基础技术参数等提出了明确要求。如图片的加工质量要求为：①内容完整，无残破和缺失；②颜色准确，无失真情况；③无噪点、阴影和黑线；④无明显倾斜和扭曲。图片加工常用格式及基础技术参数见表3-1。视频的加工质量要求为：①内容完整、清晰、连贯，无缺失及丢帧情况；②音量适中，声音清晰且无其他干扰杂音；③音频与视频内容对应准确，无明显偏差。视频加工常用格

---

❶ 李康Max. VR视频模式的分类［EB/OL］.（2021-09-28）［2022-11-25］. https://www.zhihu.com/question/483140108/answer/2145152745.

式及基础技术参数见表 3-2。❶

表 3-1　图片加工常用格式及基础技术参数

<table>
<tr><th>常用格式</th><th>应用方向</th><th>压缩方式</th><th>分辨率/DPI</th><th>色彩模式</th></tr>
<tr><td>TIFF</td><td>面向长期保存应用</td><td>LZW</td><td>不低于 300</td><td rowspan="7">彩色图像采用彩色模式、灰度图像采用灰度模式、黑白图像采用二值模式</td></tr>
<tr><td>JPEG</td><td>面向发布服务</td><td>JPEG</td><td>不低于 100</td></tr>
<tr><td>BMP</td><td>面向长期保存应用</td><td>无压缩</td><td>不低于 300</td></tr>
<tr><td rowspan="2">GIF</td><td>面向长期保存应用</td><td>LZW</td><td>不低于 300</td></tr>
<tr><td>面向发布服务</td><td>LZW</td><td>不低于 100</td></tr>
<tr><td rowspan="2">PNG</td><td>面向长期保存</td><td rowspan="2">LZ77</td><td>不低于 300</td></tr>
<tr><td>面向发布服务</td><td>不低于 100</td></tr>
</table>

表 3-2　视频加工常用格式及基础技术参数

应用方向	分辨率/ppi	帧速/（帧/s）	视频速率/（kbit/s）	音频速率/（kbit/s）	常用格式编码方式
长期保存级	不低于 720×576	不低于 25/30	不低于 1152	不低于 224	MPEG-2 AVI
发布服务级	不低于 352×288	不低于 15/25	不低于 640	不低于 128	MPEG-4 MP4/WMV/FLV/RM

注：ppi 表示每英寸像素（pixel per inch）。

中华人民共和国广播电视和网络视听行业标准《VR 视频系统节目制作和交换用视频参数值》（GY/T 356—2021）对 3DoF VR 视频系统节目制作与交换基本参数，如图像空间和时间特性、色彩系统、信号格式等的基本参数作了具体规定，表 3-3 所示为图像空间和时间特性的基本参数及数值要求情况。

❶ 参见《内容资源数字化第 3 部分：加工规格》（GB/T 38548.3—2020）。

表 3-3　图像空间和时间特性的基本参数及数值❶

序号	参数	数值
1	球体 360°图像到矩形二维图像的映射方法	等距长方形映射①
2	映射后图像的有效像素数（水平×垂直）	30 720×15 360②，③　(30k×15k)
3	像素宽高比	1∶1（方形）
4	帧率（Hz）	120、100、60、50
5	扫描模式	逐行

注：①应符合附录 B 中的要求。

②参数值基于典型的人眼空间角度锐度，使观看者在观看 360°图像时感知不到像素结构。全 360°图像的像素数要求为 30k×15k。在实际系统设计时也可采用其他像素数，宜不低于 7680×3840。

③半球或 360°图像的一部分可以用 30k×15k 像素的一部分来表示。

3.3　内容资源元数据标引

关于元数据（Metadata）没有统一的定义，视特定团体或使用情境而不同，目前有 30 种以上的定义。简单地说，元数据是描述数据的数据，也可以称为描述资源属性的数据。如图书馆界的图书馆目录、计算机界的数据字典、档案馆界的检索工具、出版界的图书在版编目（CIP）等都可称之为元数据。表 3-4 所示的图书产品信息，可称为图书产品的元数据。

表 3-4　图书产品信息

序号	中文名称	英文标识	类型	位数	
				定长	变长
1	ISBN	<ISBN>		13	
2	题名	<Title>	字符		100
3	副题名	<Subtitle>	字符		100
4	并列题名	<CoordinateTitle>	字符		100
5	提供者序号	<SequenceNumber>	数值		3

❶　参见《VR 视频系统节目制作和交换用视频参数值》（GY/T 356—2021）。

续表

序号	中文名称	英文标识	类型	位数	
				定长	变长
6	提供者角色	<ContributorRole>	字符	3	
7	提供者个人名称	<PersonName>	字符		100
8	提供者简介	<PersonIntroduction>	字符		500
9	出版者角色	<PublisherRole>	数字	2	
10	出版者名称	<PublisherName>	字符		100
11	联系人	<ContactName>	字符		40
12	部门	<ContactDepartment>	字符		100
13	电话	<PhoneNumber>	字符		20
14	E-mail	<EmailAddress>	字符		100
15	传真	<FaxNumber>	字符		15
16	出版地	<placeOfPublication>	字符		50
17	出版国	<CountryOfPubliction>	字符	2	
18	CIP 核字编号	<CIPCode>	字符		20
19	版次	<EditionNumber>	数字		4
20	计划出版时间	<PlaningDate>	数字	8	
21	实际出版时间	<PublishingDate>	数字	8	
22	印次	<ReprintNumber>	数字		3
23	本次印数	<PrintNumber>	数字		10
24	累计印数	<TotalPrintNumber>	数字		10
25	印刷单位	<Printor>	字符		50
26	装帧类型	<Binding>	字符	2	
27	定价	<Price >	数值		12
28	条码	<BarCode>	字符		18
29	印张数	<SheetNumber>	数值		12
30	开本	<FormatSize>	字符		30
31	度量类型	<MeasureType>	数字	2	
32	度量数值	<Measurement>	数值		6
33	度量单位代码	<MeasureUnitCode>	字符	2	

续表

序号	中文名称	英文标识	类型	位数	
				定长	变长
34	字数	<WordCount>	数字		
35	页数	<Pages>	数字		
36	附件类型	<AttachmentType>	字符		40
37	附件数量	<AttachmentNumber >	数字	2	
38	主题表标识	<SubjectSchemeIdentifier>	数字	2	
39	主题表名称	<SubjectSchemeName>	字符		100
40	主题代码	<SubjectCode>	字符		20
41	主题标目	<SubjectHeadingText>	字符		250
42	语种	<Language>	字符	3	
43	内容提要	<ContentHint>	字符		400~2000
44	出版方式	<PublishingWay>	字符	2	
45	发行范围	<Range>	字符	1	
46	读者对象	<Audience>	字符		500
47	丛书名	<SeriesTitle>	字符		100
48	附属丛书名	<SubseriesTitle>	字符		100
49	并列丛书名	<SeriesBooksCoordinateTitle>	字符		100
50	丛书著作责任者	<SeriesBooksContributor>	字符		100
51	丛书顺序号	<SeriesNumber>	字符		10
52	多卷书数量	<CollectionNumber>	数值		3
53	多卷书名	<CollectionSequenceName>	字符		100
54	多卷书著作责任者	<CollectionSequenceContributor>	字符		100
55	多卷书分册号	<CollectionSequenceNumber>	字符		10
56	引进版图书原文语种	<ImportLanguage>	字符	3	
57	引进版图书原名	<ImportTitle>	字符		300
58	版权合同登记号	<CopyrightCode>	字符		50
59	版权所有者	<CopyrightOwner>	字符		50
60	版权年	<CopyrightYear>	数字	4	
61	原出版者角色	<PublisherRole>	字符		100

续表

序号	中文名称	英文标识	类型	位数	
				定长	变长
62	原出版者名称	<PublisherName>	字符		40
63	征订号	<SerialNumberOfTeachingBook>	字符		20
64	封面	<Cover>	字符		300
65	封底	<BackCover>	字符		300
66	版权页	<CopyrightPage>	字符		300

《内容资源数字化加工第 4 部分：元数据》（GB/T 38548. 3—2020）对内容资源数字化加工的内容资源描述元数据、内容单元元数据、内容要素元数据、资源管理元数据及元数据扩展规则等做出了明确的规定。其中内容单元包括文本要素、图片要素、音频要素、视频要素、公式要素、表格要素等。表 3-5 所示为内容资源描述元数据，表 3-6 所示为内容单元元数据，表 3-7 为文本要素元数据，表 3-8 为音频要素元数据，表 3-9 为资源管理元数据。

表 3-5　内容资源描述元数据

序号	中文名称	英文标签	必备性	可重复性	基本描述
1	唯一标识符	Identifier	必备	不可重复	在特定范围内给予资源的一个明确的唯一标识
2	题名	Title	必备	可重复	赋予资源的名称
3	创建者	Creator	必备	可重复	创建资源内容的主要责任人
4	其他责任者	Contributor	有则必备	可重复	对资源的内容做出贡献的其他实体
5	主题	Subject	有则必备	可重复	资源内容的主题描述
6	描述	Description	有则必备	可重复	资源内容的说明
7	创建日期	Date	必备	不可重复	资源创建的时间
8	格式	Format	必备	可重复	资源的物理或数字表现形式

续表

序号	中文名称	英文标签	必备性	可重复性	基本描述
9	来源	Source	有则必备	可重复	对当前资源来源的描述
10	语种①	Language	必备	可重复	描述资源知识内容的语种
11	关联	Relation	有则必备	可重复	对相关资源的参照
12	类型	Type	有则必备	可重复	资源内容的特征或类型
13	涉及范围	Coverage	有则必备	可重复	资源内容所涉及的外延与覆盖范围
14	权利	Rights	有则必备	可重复	有关资源本身或被赋予的权限信息
15	单价	Price	有则必备	可重复	资源售卖单价

注：①取值范围遵循 GB/T 4880. 3—2020 。

表 3-6　内容单元元数据

序号	中文名称	英文标签	必备性	可重复性	基本描述
1	唯一标识符	Identifier	必备	不可重复	内容单元的唯一标识
2	题名	Title	必备	可重复	篇、章、节等内容单元的题名
3	作者	Creator	有则必备	可重复	内容的单元的作者
4	其他责任者	Contributor	有则必备	可重复	内容的单元的其他责任者
5	主题	Subject	有则必备	可重复	内容单元的主题描述
6	描述	Description	有则必备	可重复	内容单元内容的说明
7	创建日期	Date	有则必备	不可重复	内容单元创建的日期
8	格式	Format	有则必备	可重复	内容单元的物理或数字表现形式
9	来源	Source	有则必备	可重复	内容单元来源的描述
10	关联	Relation	有则必备	可重复	与内容单元相关资源的参照
11	类型	Type	有则必备	可重复	内容单元内容类型

续表

序号	中文名称	英文标签	必备性	可重复性	基本描述
12	涉及范围	Coverage	有则必备	可重复	内容单元所涉及的外延与覆盖范围
13	内容单元对象	Unit	有则必备	可重复	内容单元包含的其他内容单元对象
14	文本内容要素	Text	有则必备	可重复	内容单元包含的文本内容要素
15	图片内容要素	Image	有则必备	可重复	内容单元包含的图片内容要素
16	公式内容要素	Text	有则必备	可重复	内容单元包含的公式内容要素
17	音频内容要素	Audio	有则必备	可重复	内容单元包含的音频内容要素
18	视频内容要素	Vidio	有则必备	可重复	内容单元包含的视频内容要素

表 3–7　文本要素元数据

序号	中文名称	英文标签	必备性	可重复性	基本描述
1	唯一标识符	Identifier	有则必备	不可重复	文本元素的唯一标识
2	文本样式①	Style	有则必备	可重复	居左、居中等样式描述
3	字符样式	CharacterStyle	有则必备	可重复	角标、加粗、倾斜等字符样式描述
4	关联	Relation	有则必备	可重复	与其他内容或外部对象的参照

注：①取值范围参考 Html 语言中 style 属性取值或自定义扩展。

表 3-8 音频要素元数据

序号	中文名称	英文标签	必备性	可重复性	基本描述
1	唯一标识符	Identifier	必备	不可重复	音频元素唯一标识
2	题名	Title	必备	可重复	音频题名
3	创建者	Creator	必备	可重复	音频创建设
4	其他责任者	Contributor	有则必备	可重复	音频的其他责任者
5	主题	Subject	有则必备	可重复	音频主题描述
6	描述	Description	有则必备	可重复	音频内容描述
7	创建日期	Date	必备	不可重复	音频创建日期
8	格式	Format	有则必备	可重复	音频格式描述
9	来源	Source	有则必备	可重复	音频来源
10	语种①	Language	必备	可重复	音频语种
11	关联	Relation	有则必备	可重复	与音频内容相关的参照
12	类型	Type	有则必备	可重复	音频内容特征或分类描述
13	时长	Length	必备	不可重复	音频时长
14	附件地址	URL	必备	可重复	音频附件实体文件的存储地址

注：①取值范围遵循 GB/T 4880. 3—2020。

表 3-9 资源管理元数据

序号	中文名称	英文标签	必备性	可重复性	基本描述
1	唯一标识符	Identifier	必备	不可重复	资源唯一标识符，与描述元数据唯一标识符应一致
2	级别	Level	可选	不可重复	加工粒度描述
3	加工者	Processor	必备	可重复	
4	加工日期	ProcessDate	必备	不可重复	
5	审核者	Auditor	有则必备	可重复	
6	审核日期	AuditDate	有则必备	可重复	
7	组成文件	Files	可选	可重复	资源组成文件描述

续表

序号	中文名称	英文标签	必备性	可重复性	基本描述
8	存储位置	FilesLoaction	可选	可重复	资源文件存储地址

内容资源元数据标引就是在内容资源数字化加工过程中，基于内容资源元数据标准体系，通过元数据标引系统（软件）给内容资源打上资源描述元数据、内容单元元数据、内容要素元数据、资源管理元数据等各类元数据标签。内容资源元数据标引实质上就是对内容资源进行的碎片化处理。对内容资源进行二次甚至三次标引（深度标引），意味着内容资源的碎片化程度更高，也就是说内容资源的粒度更小。内容资源库中内容资源的粒度级别决定了内容资源库知识组织、知识关联、知识挖掘、语义分析、内容智能推送等方面的基本能力。内容资源元数据标引是媒体行业实现资源“一次制作，多元生成、多渠道传播”和不断提高知识服务、智慧出版和媒体融合发展水平的重要基础。

3.4　内容数字化加工类型与层次

3.4.1　数字化加工的类型

关于数字化加工，有多种说法。从加工层次上，有初级和高级之分；从是否对内容分拆、有序化来说，有结构化和非结构化之分。本书将内容资源的数字化加工分为非结构化和结构化两大类型。非结构化文档对应为数字化加工的初级阶段；结构化文档则对应为数字化加工的高级阶段。两大类型之间存在着递进的联系，并且各类中又可具体分解成若干细类，数字化加工的分类如图 3-2 所示。

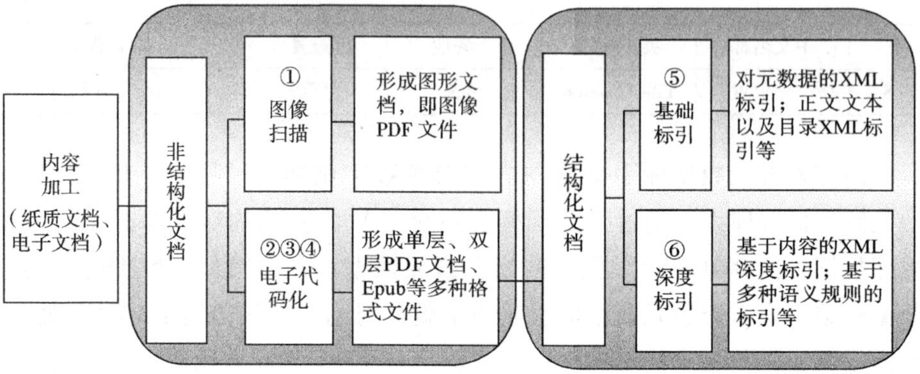

图 3-2　数字化加工分类

从图 3-2 来看，数字化加工确实有很多类型。加工的程度越细、深度越深，资源的利用率就会越高，资源的价值就会越大，但加工成本也会增加。对不同内容资源选择数字化加工的层次，取决于出版企业对 CRM 系统建设的需求。一般来讲，重用性越强的内容，加工的深度应该越深。一般说来，专业学术出版、教育出版、辞书工具书出版等领域，CRM 系统建设对内容资源的数字化加工要求要高一些。

3.4.2　常见文档的数字化加工层次

常见的数字化加工涵盖非结构化和结构化两种类型，如图 3-2 中①~⑤所标明的阶段。有些出版社的数字化加工，层次也进入对内容分拆、标引的深度结构化阶段。一般来说，存量出版资源要求的数字化加工文档包括扫描图、PDF 文件、正文文本 XML、目录 XML 和图书元数据 XML 文件等。按照本书的分类，扫描图、PDF 文件属于非结构化加工；正文文本 XML、目录的 XML 和图书元数据 XML 文件属于结构化加工。

由于图书内容加工层次以及需求变化不同，并非所有图书的数字化加工都需要全部包含这 5 种文件，某些图书只需要加工成其中的 2~3 种；期刊加工需要 5 种，但所有的加工项目技术指标要求大致相同。下面分别论述主要加工类型的特点和要求。

（1）扫描图

扫描图文件要求格式为 TIFF❶ 或 JPEG❷，其中黑白文字要求扫描为 600 DPI❸ 的黑白图，黑白图片扫描为 300 DPI 的灰度图，彩色图片扫描为 300 DPI 的彩色图。要求图像清晰、版心居中，无明显歪斜，无污点及颜色失真现象；要求同一本书版心及图像尺寸统一，图像完整无残缺。

（2）PDF 文件

PDF 文件包括图像 PDF、双层 PDF 及版式还原的纯文本单层 PDF 3 种形式。对普通读者而言，用 PDF 制作的电子书具有纸版书的质感和阅读效果，可以"逼真地"展现原书的原貌，且显示版面大小可任意调节，给读者提供了个性化的阅读方式。每种 PDF 要求内容完整，无缺页、重页、页码顺序颠倒；每册书须制作目录书签，书签内容与图书目录一致，书签动作缩放比例设置为"承前缩放"；每册书初始放大率设置为"适合页面"。

①图像 PDF。图像 PDF 文件要求文档中所使用的图片格式为 JPEG，图像其他要求与扫描图一致。若一页中既有文字也有黑白图像的，文字部分采用黑白图，图像部分使用灰度图进行拼接。图像 PDF 文件还有一个用途，为方便查阅核对及数码印刷，制作双层 PDF 和单层 PDF 的图书也可同时制作图像 PDF 文件。图像 PDF 文件适用于作为资料保管和保持原貌为主，无全文检索需要的文档。如中华人民共和国成立前出版的图书及一些手迹、画册，以图片形式展示内容的图书等。

②双层 PDF。所谓双层 PDF，是指用户浏览看到的是图像层，在全文

---

❶ TIFF（Tagged Image File Format，也可简称为 TIF）图像文件格式，是基于标记的文件格式，适用于在应用程序之间和计算机平台之间的交换文件，它的出现使得图像数据交换变得简单。TIFF 广泛地应用于对图像质量要求较高的图像存储与转换。由于结构灵活和包容性大，TIFF 已成为图像文件格式的一种标准，绝大多数图像系统都支持这种格式。

❷ JPEG（Joint Photographic Experts Group），由国际标准组织（ISO）和国际电话电报咨询委员会（CCITT）为静态图像所建立的第一个国际数字图像压缩标准。JPEG 是与平台无关的格式，可以提供有损压缩，因此压缩比可以达到其他传统压缩算法无法比拟的程度。

❸ DPI（Dots Per Inch），每英寸所打印的点数或线数，用来表示打印机打印分辨率，是衡量打印机打印精度的主要参数之一。一般来说，该值越大，表明打印机的打印精度越高。

检索和文字拷贝时使用的是文字层，即为双层。为方便检索，文字层均对应为简体文字。双层 PDF 图像层的要求与图像 PDF 相同，只是精度统一为 300 DPI，以缩小文件的大小。文字层所使用的字体以“已嵌入子集”方式嵌入 PDF 文件。书中的生僻字、特殊符号、复杂数学公式对应文本统一为“■”，数学公式对应文本为计算机通常可输入的表达式，如公式中存在一些无法输入的符号，则按特殊符号处理。图像层和文字层的文字对位应准确，反显区域与文字区域相差 1 毫米以内。双层 PDF 文件的不足是文字层的错误不宜被发现。

一般类型的著作及繁体字或简繁混排的图书，可加工为双层 PDF。因大多数 PC 机均未安装繁体字库，含有繁体字的图书不适合以纯文本形式制作单层 PDF，因而均需要按双层 PDF 形式进行加工。双层 PDF 比版式还原的单层 PDF 节省了排版这一环节，在加工成本上相对低廉。从节约资金的角度上，一些以阅读为主、文字拷贝需求较低的非重点图书，都可以加工为双层 PDF 文件。

③版式还原的纯文本单层 PDF。所谓版式还原的纯文本单层 PDF，是指全部文字是以纯文本形式展现，图片以图像形式展现，再按照图书的版式重新排版的 PDF 文件。单层 PDF 要求与双层 PDF 文字层大致一致，由于文字不使用图片，生僻字要求用矢量造字补缺，但对应文本统一为“■”。此外，还要求版式与原书保持一致，部分没有的或难以辨别的字体可用相似字体代替。这种 PDF 看到的文字与检索拷贝一致，错误易于发现，并且可进行修改，展现效果也好。只是加工成本较高，加工周期较长。中央文献、党和国家领导人讲话等重要著作，宜加工为版式还原的纯文本单层 PDF。

(3) 正文文本 XML 文件

为了实现全文检索和章节标题及对应内容提取的功能，绝大多数图书要加工正文文本 XML 文件和制作目录 XML 文件。由于 PDF 文件包含了图书全部文本内容，也涉及页眉、页脚、页码、页下注释等非正文内容，这些要素会影响全文检索和内容提取。除了只制作图像 PDF 的图书外，其他图书都需要加工正文文本 XML 文件。XML 文件采用 UTF-8 编码[1]，一本书一个 XML 文件，每页内容作为一条数据进行存储。此数据不包含正文以外无文字内容的页。正文中无文字内容的页如果占页码（无论是否上面印刷了页码），需要体现在数据中；如果不占页码，在数据中不体现。

文件结构如下：

```
<? XML version = " 1.0" encoding = " UTF-8" ? >
<Book>
<Content>
<page>
<pageNum></pageNum>
<PDFPageNum></PDFPageNum>
<pageContent>
<! [CDATA [   ] ] >
</pageContent>
</page>
</Content>
</Book>
```

字段说明如下：

①pageNum 项。此字段是用于标识内容在纸质图书上所属的页码，要求是当前页的纸书页码整型值。要求与图书上印刷的页码完全一致。正文部分如有空白页，但实际在书中占了页码的，也须补充页码。非正文部分的内容（前言、序、后记等）页码如与正文页码重复，需在页码数值前加"＊"标识，如＊1。该字段标识的目的是方便读者了解内容出处，便于在自己的文章中对内容进行引用。

②PDFpageNum 项。此字段用于标识内容在 PDF 上所属的页码，要求是

---

[1] UTF-8 是 Unicode 的一种变长字符编码，由肯·汤普森（Ken Thompson）于 1992 年创建。现在已经标准化为 RFC 3629。UTF-8 用 1~6 个字节编码 UNICODE 字符。应用在网页上可以使同一页面显示中文简体繁体及其他语言（如日文、韩文）。而 Unicode（统一码、万国码、单一码）则是一种在计算机上使用的字符编码。它为每种语言中的每个字符设定了统一且唯一的二进制编码，以满足跨语言、跨平台进行文本转换、处理的要求。

当前页的PDF页码整型值。要求与图书PDF文件的页码完全一致。该字段可使全文检索系统能够获取用户检索结果对应的电子书的页码，可实现直接到达结果所在位置进行阅读。虽然大多数图书的PDF页码与印刷的页码都相差固定值，该字段可通过pageNum项计算获取，但个别图书在正文中会出现不占页码的内容，这样就会导致计算错误，造成混乱，因此该字段仍然需要标识。

③pageContent项。该字段为当前页的文本内容，是为实现精确全文检索，要求为标准CDATA[1]类型。内容中影响文字检索的要素都要去除，这些要素是指非正文文字内容的文本插入在正文文字中，造成语句不通顺、词语分家的情况。如页眉、页脚和页码的文字，插在两页正文内容文本之间，隔断了两页正文文字连贯性，被分割的词语肯定无法被检索到。

为此，对内容作出以下规定：每个段落开始有两个全角空格，结束要有回车；段落之间只能有上一段落的回车和下一段落的两个全角空格，不能有其他内容；每段的文字须保持内容文字的连续性，影响连续性的页眉、页脚、页码、注释符、符号、图示说明、表格说明、注释等内容都须剔除；如遇到标题、诗句、人名列表等为美观需要而在内容间有空格、回车换行的，要去除文字间的回车和空格，使其文字连续起来，独立成一个段落；保留文字内容与PDF一致，不得有漏字、段落混乱现象。

(4) 目录XML文件

目录XML文件是为了方便提取章节标题及对应的内容，结构如下：

```
<? XML version=" 1.0" encoding=" UTF-8"? >
<Book>
<Content>
<Title> </Title>
<Level></Level>
<PageNum></PageNum>
<PageNumEnd></PageNumEnd>
```

[1] CDATA (character data) 是DTD中的属性类型，在标记CDATA下，所有的标记、实体引用都被忽略，而被XML处理程序一视同仁地当做字符数据看待。而DTD (Document Type Definition) 属于XML文件组成的一部分，是一套关于标记符的语法规则。

```
<PDFPageNum></PDFPageNum>
<PDFPageNumEnd></PDFPageNumEnd>
</Content>
</Book>
```

以每个章节标题作为一条数据，Title 为章节的标题内容；PageNum 为当前章节内容起始的纸书页码；PageNumEnd 为当前章节内容结束的纸书页码；PDFPageNum 为当前章节内容起始的 PDF 页码；PDFPageNumEnd 为当前章节内容结果的 PDF 页码；Level 为当前章节所属的层级（便于获取章节间的从属关系）。

(5) 元数据 XML 文件

元数据 XML 加工文件是一个非常重要的类型。因此，在历史出版资源的数据化加工中，根据情况应尽可能使元数据信息完整。图书的元数据信息可以在出版企业内部各部门间流转编写，也可以外包给服务提供商，由他们负责电子书的格式转换和发行业务。目前，对历史出版资源的元数据标引还采取委托数字加工服务商制作的方式，由他们根据出版企业的要求重新录入，并进行相应的格式转换。

3.4.3　数字化加工的通用格式与规范

(1) 数字化加工通用格式

目前，在各种电子终端上显示阅读的电子书，是经过非结构化数据加工的各种格式电子文档。其中最有代表性的格式有两种，一种是可移植文档格式（Portable Document Format），简称 PDF 格式；第二种是电子书格式（Electronic Publication），简称 EPub[1] 格式。EPub 是目前国际上兴起的能够

---

[1] EPub 是由国际数字出版论坛（International Digital Publishing Forum，IDPF）提出的一种自由开放的电子图书标准，特点是文字内容可以根据阅读设备的特性，以最适于阅读的方式显示。EPub 的元数据格式是 XML，内容格式是 XHTML。如果文档构建系统产生的结果用于 Web，或者是基于 XML，就可用于生成 EPub。

国际数字出版论坛是一个电子书产业的国际性商业与标准组织，原为开放式电子书论坛（Open eBook Forum，OeBF）。为促进电子书市场开放，并推动阅读系统（Reading System）之间的信息交换，该论坛制定了 OeBPS（Open eBook Publication Structure）标准，后演变成 Epub（Electronic Publication）标准，作为电子书内容描述的标准规范。目前，EPub 在欧美已被广泛使用，日本各图书出版商和电子公司已经达成共识，将 EPub3.0 作为电子书出版格式。

跨越互联网平台和移动通信平台的电子书格式。另外，国内一些数字出版公司也开发应用了各种电子书阅读格式，如同方 CAJ、方正 CEB、超星 PDG、书生 SEP 等。

(2) 数字化加工规范作用

目前国内很多数据加工单位制作 PDF 格式文件，使用的参数不统一，造成的影响是：①其成品对后期 PDF 数据的反解和格式转换软件的开发带来很大不便。②有些重要的参数也被忽略，如“字体嵌入”，导致 PDF 格式在转换及文本分析时产生乱码。为了避免后续应用带来的制约，需要在数字化加工中制定 PDF、EPub 等文件的加工规范，以规范引导和保证加工成品的各种重用需求。

3.5 图书数字化加工流程

图书的数字化加工流程包括从纸本书到电子化、标引，直至能够生成满足不同阅读需求的全过程，包括图书整理、纸件扫描、图像修正、OCR 多核心识别、文字校对、版式复原、数据交接等，如图 3-3 所示。

图 3-3 图书数字化的一般加工流程

3.5.1 图书图像扫描加工制作流程

(1) 交接及整理分类

根据图书交接单核对原书数量，进行分类，区分是否需要加工的书籍及是否可以高速扫描（高扫）的书籍，然后整理归类，形成清晰准确的分类单。

(2) 入库

对需要加工的书籍进行入库并做内部编号，填写一套书（5 本或 10 本）的扫描识别加工流程单。根据出版企业委托要求，对每本图书的元数据信息进行建档。元数据标引信息尽可能搜集完整。

（3）拆书

说明：拆书环节要根据客户要求，客户同意签字后可拆书加工；不可拆书则不走此流程。具体要求是：①拆除装订物（撕书皮）；切书（专业切书人员使用专业切书机）；③使用高速扫描仪高扫后再装订，恢复原书籍模样。

（4）扫描

扫描人员根据用户是否拆书的要求，填写具体图书扫描加工流程单。

①扫。可拆书的情况下使用 Panasonic KV-S1025C 仪器高扫，平均每分钟扫 20 页，彩色、黑白精度都为 300 DPI；

②平扫。不可拆书的情况下使用宏光 FB2080E 仪器扫描，彩色、黑白精度都为 300 DPI 平均每分钟扫 6 页。

（5）图像扫描质量检查

①一检。检查扫描后的图像：彩色图书按彩色扫描，黑白图书按黑白扫描，扫描精度是否均是 300 DPI。检查扫描后图像是否与原文献的排列顺序一致，检查偏斜度、清晰度、失真度是否在允许范围。检查扫描后是否有影响图文信息阅读质量的杂质。

②二检抽检。二检时按一本书页数的 5% 进行抽检。

③返工。在一检、二检中检查出的不合格扫描图像，需要在扫描加工流程单上注明不合格原因，返回扫描人员。扫描人员对不合格书籍进行修改调整或重新扫描。

④扫描人员对不合格书籍修改调整过后重新一检、二检。

（6）验收

项目负责人对扫描数据进行质检抽检，不合格的工件返回加工基地重新处理；合格的工件填写项目加工流程单并签字，代表这批数据加工工件合格有效。

（7）备份

对质检合格的数据需要进行多套备份，如硬盘、光盘、异地保存等，并对备份的数据进行检查，看是否能打开、数据信息是否完整、文件数量是否准确等。备份检查合格后，填写数据备份管理登记表单，做好备份登记。

（8）数据交接

成品数据交接，填写数据交接单，负责人签字（合格数据流入下一个环节）。

3.5.2 图书扫描识别校对流程

（1）校对

填写数据交接单，负责人签字后，分配给识别校对人员。识别校对人员使用各种适应本数据的识别校对软件，进行识别校对，并添加识别校对加工流程单。识别要求：①需对照原文件逐字浏览校对，避免出现错别字。②段落必须与原文件一致、标题不能在正文中。③有图片的，需要添加代表图片的内部标记。④段落中间插图及有造字的，添加代表插图及造字的内部标记。⑤有注释内容放在每页下端的，在文中的注释标号前添加注释的内部标记；注释内容前添加与注释标号前互应的内部标记。⑥有表格的，需在表格内容前后都加代表表格的内部标记。⑦有图说的，需在图说内容前后都加代表图说的内部标记。⑧识别后查询象形字，如：人→入、一→—、干→于、间→问等，有误的给予纠正。⑨上述检查完成后，合并成一个完整的 TXT 文件，还需要仔细检查文中的断行及标题。⑩整个检测完成后，上交数据及识别校对流程单。

（2）质检

识别校对检查人员对识别校对后文件进行一检、二检，质检具体内容包括：①标题是否正确。②内容是否完整。③文字是否与原文件一致。④段落是否与原文件一致。⑤居中、居右格式是否正确。⑥注释标记、图片标记、表格标记、图说标记位置是否正确。如果质检不合格，则要返回识别校对人员，并在识别校对流程单中填写质检不合格原因；识别校对人员根据质检提示的错误原因，进行调整修改；重新递交识别校对流程单，重新一检、二检；重新识别校对质检后，生成双层 PDF 和 TXT 文件。

（3）验收

项目负责人对数据进行质检抽检，不合格工件再返回加工基地重新处理；合格的填写项目加工流程单并签字（代表这批数据加工合格，有效）。

（4）备份

图书扫描识别校对流程中的数据备份要求，与图书图像扫描加工制作流程中的数据备份要求一样。

（5）数据交接

成品数据交接要求，同图书图像扫描加工制作流程中的要求一样。

3.6　EPub电子书加工制作流程

（1）TXT组加工制作质检流程

①TXT文件一组负责人接过需要进行加工的数据后，填写数据交接单，检查图书文件，大样、图表、造字等；发现数据不全时则返回。通过检查的数据在电子书制作内部流程系统上分配给加工人员。

②切图组对有图表的数据负责切图，和TXT文件生产组会同时进行加工。切图组对图、表、公式、造字等进行处理，处理完成后，交由图片质检组进行图片的一检、二检。

③图片质检组对图、表、公式、造字进行逐一检查，以及对切图的完整性，尺寸大小等进行检查。一检、二检不合格的整本书返回切图组。切图组重新修改，甚至重新处理，重新交给质检组一检、二检。

④TXT文件二组，对有图表、无图表的TXT文件或直接对原文件进行加工，添加各种标记，如一级标题、二级标题、图、表、公式等内部标记（有图表数据加工需添加），添加完成后上传至内部流程系统。

⑤下一流程接到项目流程单后，TXT质检一组进行一检、二检。一检完成对文章的完整性及书名、作者、出版单位、版权信息、图片等的核对；二检对一检后的TXT文件完整性及书名、作者、出版单位、版权信息等进行二次质检。质检通过，上传至内部流程系统管理服务器。

（2）EPub组加工制作质检流程

①EPub生产组接到项目流程单后，生产组负责人签字；加工任务在内部流程系统中分配给EPub加工人员。EPub加工人员从服务器下载需加工为EPub的数据，进行EPub加工工作，完成后上传至服务器。

②EPub质检组接到项目流程单后，负责人签字，在内部流程系统分配给EPub质检人员。EPub质检人员对EPub文件封面、书名、作者、单位、目录链接、图片、注解、正文等进行逐一质检。质检合格上传至服务器。

③EPub二检人员对一检后EPub文件的封面、书名、作者、单位、目录链接、图片、注解、正文等进行抽检。针对一检、二检不合格数据，在内部流程系统上注明不合格的原因，返回EPub生产组。

④EPub 生产组员工对返回数据进行修改或重新制作。再由服务器传给 EPub 质检组；EPub 质检组重新一检、二检，直至全部合格。

⑤项目流程单交给项目负责人。项目负责人进行 Epub 数据抽检，合格后交给客户，由客户进行审核。审核不通过的数据，返回加工组，重新修改、制作。

3.7 内容数字化加工关键工序

内容数字化加工从文档文件的扫描开始，当文档已经被电子化、代码化扫描识别校过后，就可制作成双层 PDF、版式还原的单层 PDF 及 EPub 等格式。本节重点讲解 PDF 加工流程中的关键工序。

通过 20 多年的发展，许多大型的内容数字化加工企业已经形成了数字化的加工生产流水线。现根据北京中献拓方科技发展有限公司的数字化加工生产流程，解读数字化加工关键工序及其作用。

3.7.1 扫描修图

(1) 对扫描图的要求

扫描是出版企业历史资源（通用提法是纸质文档）电子化的第一步，也是数字出版中电子书加工的第一步。

以某出版企业为例，图书扫描图的要求如下：①图片文件命名要求按名称排序，与纸书页的顺序一致。②从封面到封底均进行扫描。③扫描图文件要求格式为 TIFF，其中，黑白文字要求扫描为 600 DPI 的黑白图，黑白图片扫描为 300 DPI 的灰度图；彩色图片扫描为 300 DPI 的彩色图。④要求图像清晰、版心居中、无明显歪斜、无污点及颜色失真现象。⑤同一本书版心及图像尺寸统一，图像完整无残缺。⑥书中插图单独提供文件，格式采用 TIFF 或 JPEG。插图文件名要求含有所在页码的信息。

(2) 扫描

将原稿拆开成单页，利用高清高速扫描仪进行原件扫描，实现原稿版式信息的电子化，也就是图像 PDF 文件。扫描完毕，要整体翻看扫描好的文件，确定没有扫描错误后，应将原文件和扫描后文件按照合同要求的命名方式及存储结构分别放到指定的位置。对每幅图像均应进行图像处理，按照生产流程规范对图像进行去脏、纠偏等图像处理，确保每一幅扫描图像的清晰、洁净。

图像 PDF 文件一般用于中华人民共和国成立前出版的图书以及一些手迹、画册等以图片形式展示内容为主的图书。这类图书主要作为资料保管和以保持原貌为主，无全文检索的需要。PDF 中所使用的图片格式要求为 JPEG，精度与扫描图保持一致，图像其他要求与扫描图一致。如一页中既有文字也有黑白图像的，文字部分采用黑白图，图像部分使用灰度图进行拼接。图书印刷原稿经过扫描后转换成的原版式电子化文档，如图 3-4 所示。

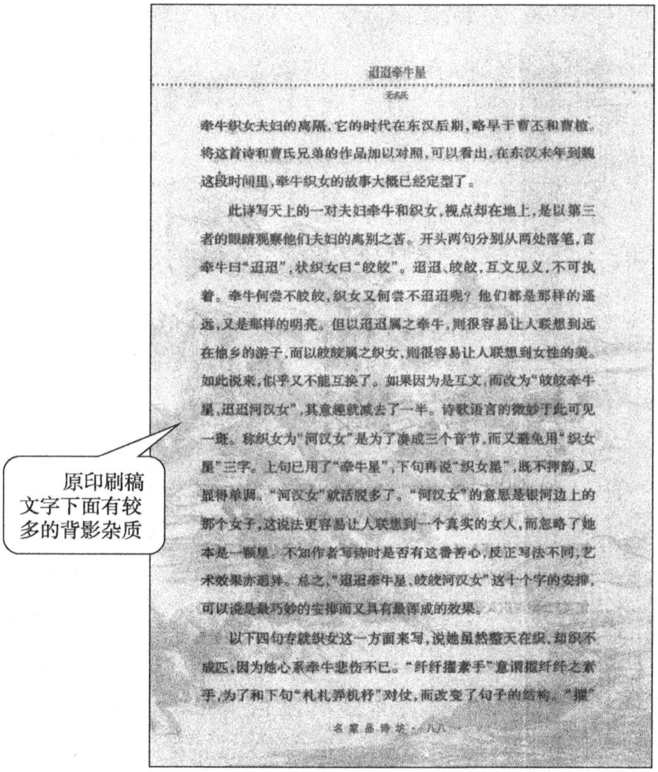
迢迢牵牛星

无名氏

牵牛织女夫妇的离隔，它的时代在东汉后期，略早于曹丕和曹植。将这首诗和曹氏兄弟的作品加以对照，可以看出，在东汉末年到魏这段时间里，牵牛织女的故事大概已经定型了。

此诗写天上的一对夫妇牵牛和织女，视点却在地上，是以第三者的眼睛观察他们夫妇的离别之苦。开头两句分别从两处落笔，言牵牛曰“迢迢”，状织女曰“皎皎”。迢迢、皎皎，互文见义，不可执着。牵牛何尝不皎皎，织女又何尝不迢迢呢？他们都是那样的遥远，又是那样的明亮。但以迢迢属之牵牛，则很容易让人联想到远在他乡的游子，而以皎皎属之织女，则很容易让人联想到女性的美。如此说来，似乎又不能互换了。如果因为是互文，而改为“皎皎牵牛星，迢迢河汉女”，其意趣就减去了一半。诗歌语言的微妙于此可见一斑。称织女为“河汉女”是为了凑成三个音节，而又避免用“织女星”三字。上句已用了“牵牛星”，下句再说“织女星”，既不押韵，又显得单调。“河汉女”就活脱多了。“河汉女”的意思是银河边上的那个女子，这说法更容易让人联想到一个真实的女人，而忽略了她本是一颗星。不知作者写诗时是否有这番苦心，反正写法不同，艺术效果亦迥异。总之，“迢迢牵牛星、皎皎河汉女”这十个字的安排，可以说是最巧妙的安排而又具有最浑成的效果。

以下四句专就织女这一方面来写，说她虽然整天在织，却织不成匹，因为她心系牵牛悲伤不已。“纤纤擢素手”意谓擢纤纤之素手，为了和下句“札札弄机杼”对仗，而改变了句子的结构。“擢”

名家品诗坊・八八

图 3-4　印刷原稿扫描转换成的电子化文档

(3) 修图

为了得到清晰的文档，扫描之后要进入修图工序。

对扫描图进行修图，需要采用专用软件和 Photoshop 软件，通过检测暗、亮度的模式确定其形状，将扫描原稿中的杂质尽可能去掉，保持内容信息显示的清晰度。这时得到的是图像文档，如图 3–5 所示。

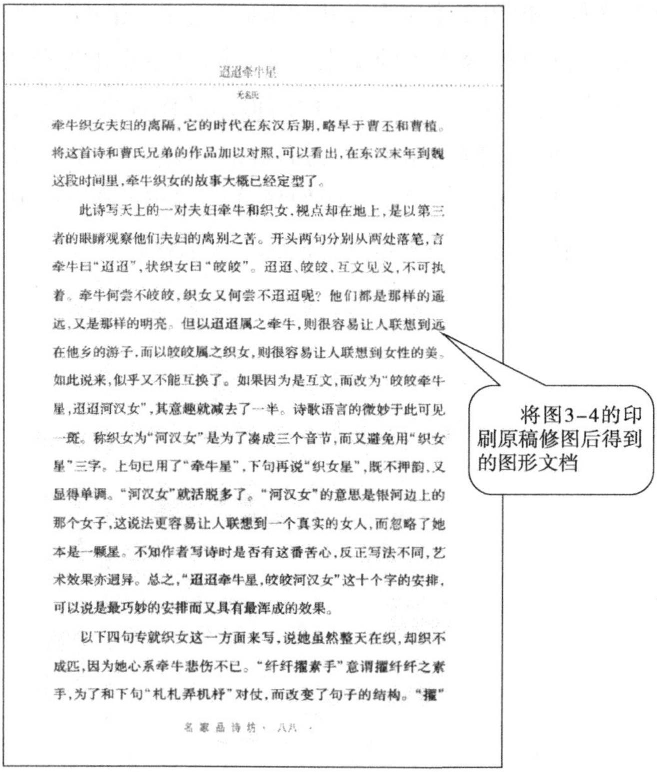

迢迢牵牛星

无名氏

牵牛织女夫妇的离隔，它的时代在东汉后期，略早于曹丕和曹植。将这首诗和曹氏兄弟的作品加以对照，可以看出，在东汉末年到魏这段时间里，牵牛织女的故事大概已经定型了。

此诗写天上的一对夫妇牵牛和织女，视点却在地上，是以第三者的眼睛观察他们夫妇的离别之苦。开头两句分别从两处落笔，言牵牛曰“迢迢”，状织女曰“皎皎”。迢迢、皎皎，互文见义，不可执着。牵牛何尝不皎皎，织女又何尝不迢迢呢？他们都是那样的遥远，又是那样的明亮。但以迢迢属之牵牛，则很容易让人联想到远在他乡的游子，而以皎皎属之织女，则很容易让人联想到女性的美。如此说来，似乎又不能互换了。如果因为是互文，而改为“皎皎牵牛星，迢迢河汉女”，其意趣就减去了一半。诗歌语言的微妙于此可见一斑。称织女为“河汉女”是为了凑成三个音节，而又避免用“织女星”三字。上句已用了“牵牛星”，下句再说“织女星”，既不押韵，又显得单调。“河汉女”就活脱多了。“河汉女”的意思是银河边上的那个女子，这说法更容易让人联想到一个真实的女人，而忽略了她本是一颗星。不知作者写诗时是否有这番苦心，反正写法不同，艺术效果亦迥异。总之，“迢迢牵牛星，皎皎河汉女”这十个字的安排，可以说是最巧妙的安排而又具有最浑成的效果。

以下四句专就织女这一方面来写，说她虽然整天在织，却织不成匹，因为她心系牵牛悲伤不已。“纤纤擢素手”意谓擢纤纤之素手，为了和下句“札札弄机杼”对仗，而改变了句子的结构。“擢”

名家品诗坊 · 八八 ·

图 3–5　印刷原稿修图后的图像文档

(4) 图像文档的作用与问题

①经过扫描、修图得到的清晰图像 PDF 文件，能够方便查阅、核对，同时能够方便进行数码印刷，即能够实现按需印刷（Print On Demand，POD），这是重新获得绝版、短版纸质出版物的最佳方式，也是数字出版中，将内容转承到纸介质的跨媒体出版中的一种形式，有新的市场生命力。

②尽管这种文档已经可以显示阅读，但是离实际的阅读体验还存在相当的距离，最基本的阅读功能如连续打开、连续翻页、标记等，都无法实现。因此，在进行整本书或者大批量的阅读时，还需要对图像文档进一步加工处理，以满足阅读体验的需要。

3.7.2　画框识别

用光学字符识别方法对图像文档进行处理，是对扫描图进行代码化的工序。这一步称为光学字符识别（Optical Character Recognition，OCR）。

（1）OCR 识别即电子代码化

OCR 识别是对经过扫描、修图的图像文档进行分析，将图像文档翻译成计算机文字，获取内容信息及版面信息，OCR 识别过程即电子代码化过程。通过 OCR 识别，图像文档中的文字图形将继续保存；图像文档中有表格的，则将表格信息一律变成计算机文字。因此，如何避免和消除代码化过程中的错误，或者说如何利用辅助信息提高图像文档的识别正确率，是 OCR 系统最重要的课题。OCR 识别界面中图像文档翻译成计算机文字显示的内容见图 3-6。

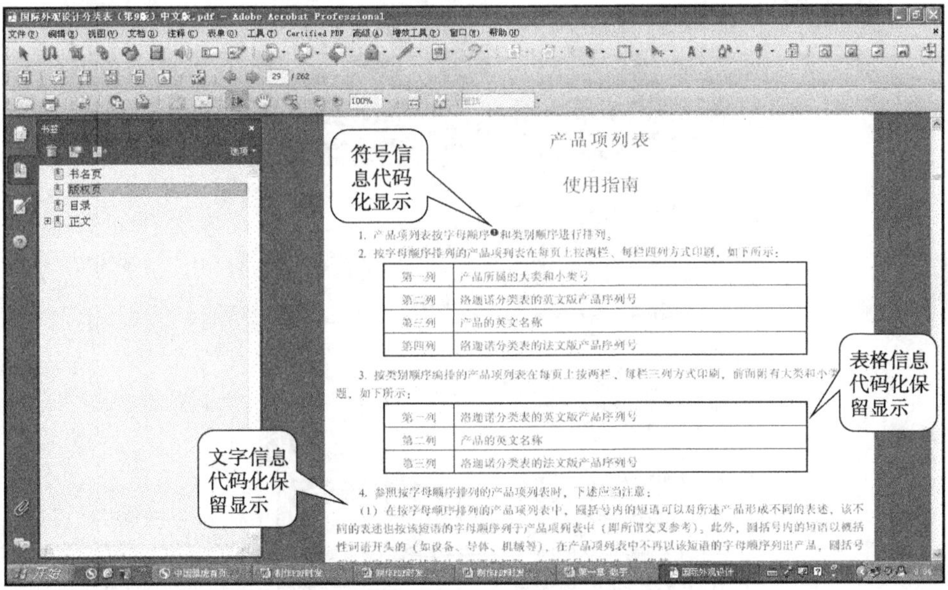

图 3-6　OCR 将图像文档进行转换示例

（2）文字图片的代码化

文字图片的代码化具体做法是，将经过修图的图像文档置入专用 OCR 软件中，进行画框识别。画框时将横排文本、竖排文本、表格、插图、页码分开画框，框线不得压字、压图。在画框完成后对整个工作包进行检查，是否有画框错误及漏画等现象。

画框识别一般分为两个步骤，一是对内容信息的代码化，二是中间软件程序自动跟踪标注位置信息。对内容信息的画框识别时，文字信息和图像信息的画框会自动显示为不同颜色。同时，识别时软件会自动切图，进行位置信息的识别标注。

画框识别中，按页产生的文档尽管有一个记录位置信息的中间文件，但仍然包含在一个完整的文件中。也就是说，本道工序入口时是 TIF 图像文档，出口时是 TIFF 和中间文件。经过画框标记的文档，其中包括文字信息和图像信息的画框及其位置编号信息，如图 3–7 所示。

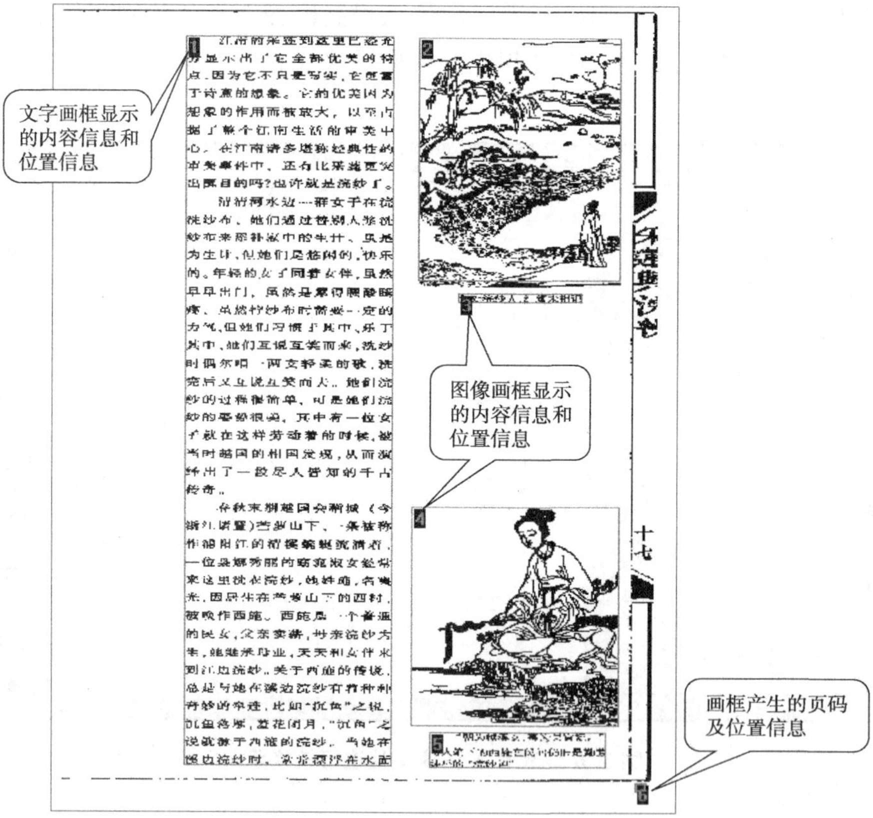

图 3–7　画框标识的代码化文档

（3）复杂公式表格的代码化

一些比较先进的 OCR 系统，能够自动对带有复杂公式、表格的图像文档进行画框识别，多窗口展开进行比对。画框识别中展开的图像文档窗口，文字和公式信息被逐一作为图像标注；展开的代码化识别窗口中，文字信息和位置信息被逐一识别标注。更进一步，OCR 系统能够同时展开三个窗口自动进行操作，即展开原图像文档窗口、代码化过程窗口及识别结果窗口，如果识别结果与原图像文档有差异时，需要人工进行修正。复杂公式的画框识别示例如图 3-8 所示；复杂公式的代码化过程窗口展示如图 3-9 所示。

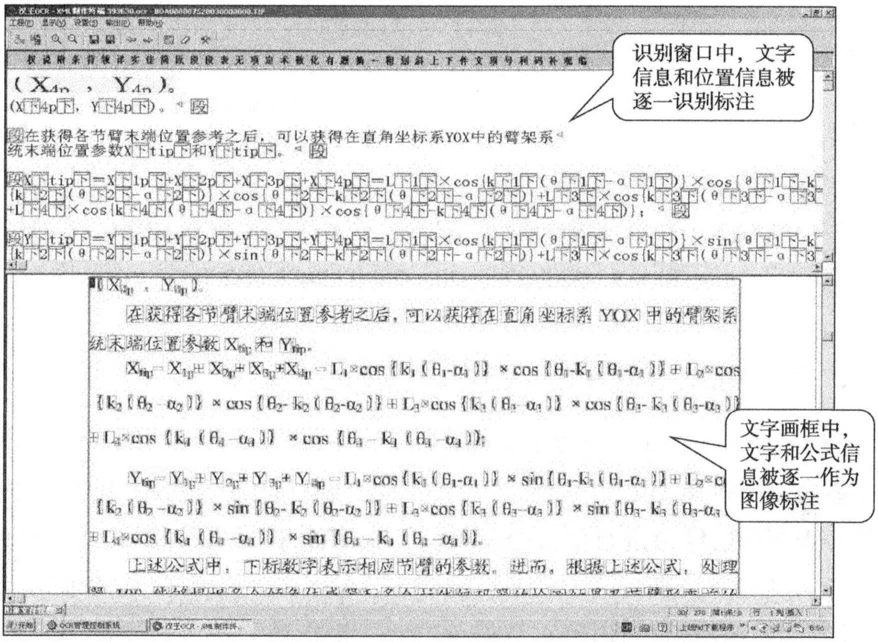

图 3-8　对复杂数学公式的画框识别

（4）代码化识别的优点

OCR 识别后的图像文档中，内容信息和位置信息能够自动拆分保存。经过 OCR 转换的文档有以下优点：①点阵图像的技术特性是用正方形的小点来描述图像，所以在描述曲线及一些角度的直线时就会产生锯齿。经过 OCR 识别后，文字成为矢量图，能够有效避免锯齿状。②能减少图像文档的储存量。③识别出的文字可再使用及分析。④因无须键盘输入，可节省信息输入的人力与时间。

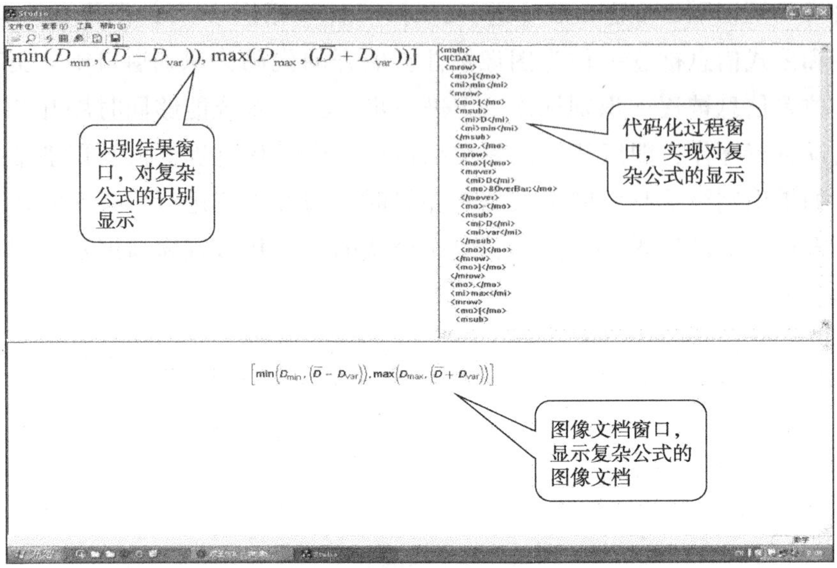

图 3-9　复杂数学公式的代码化过程窗口展示

3. 7. 3　文字审查

（1）窗口比对逐行逐字自动审查

系统采用多核心识别技术，对画框后图像文件进行识别。生产系统对多核心识别后的结果进行语义分析检查，根据上下文关联及词组组成进一步筛选识别结果，使得错误定位更加明确。最后对所有有问题的可疑字进行局部截取，截取后利用校对软件校对时，操作员看不到整页图书，只能看到页面的局部，能有效地保证数据安全。在文字审查校对软件界面中，会有两个窗口同时打开，使文本与原书扫描图像同时显示在计算机屏幕上。文字校对窗口中，中间文件对照画框识别窗口中的文字，通过光标逐行、逐字进行自动审查，可以实现文本与原书图像对应，操作员可以逐行对照原书图像校对文本内容，使得数据更加精密准确，文字内容差错率可以控制在 1/30 000 之内。文字审查校对程序界面如图 3-10 所示。

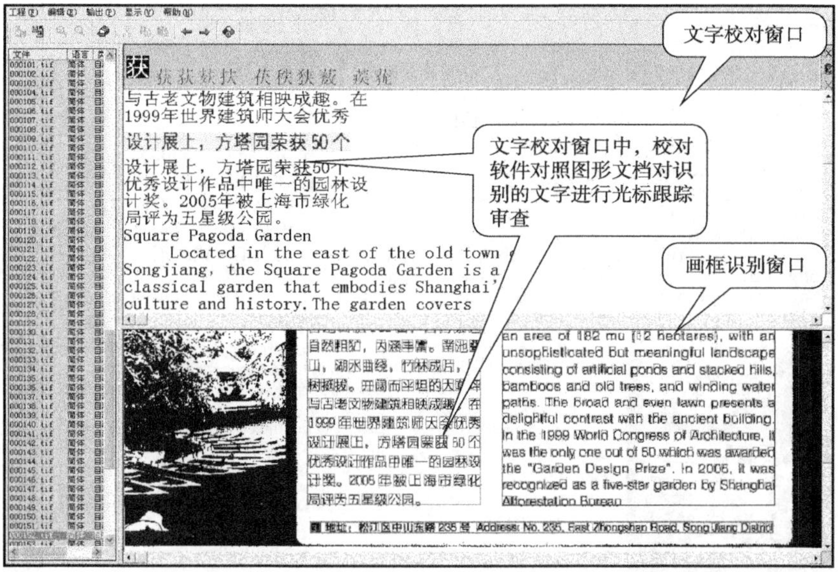

图 3-10　审查软件自动进行逐行逐字光标跟踪检查

(2) 查错时的人工修正

专用改字检查程序对上道工序进行二次质量检查，针对一些易混的相似字及特殊符号，形成自主研发的易错字符集和符号集，通过程序对易出现识别错误的相似字或特殊符号进行处理，可以轻松校正，以保证数据准确性。文字内容差错率可控制在 1/10 000~3/10 000。

图 3-11 中，带颜色底纹标出的图形文档信息与 OCR 识别产生的中间文件进行比对，当发现 OCR 识别有误时，系统会提示。图中系统显示“园”字识别错误为“国”，用黑色块光标提示，这时需要采用人工方式进行修改。

3.7.4　PDF 文档加工

(1) PDF 文档加工要求

PDF 文档加工要求内容完整，无缺页、重页、页码顺序颠倒的情况；根据图书目录添加书签，书签内容从文本中复制，同时检查是否与纸质书一致，并删除多余空格，使得书签内容文字差错率小于 1/30 000。并设置文档属性，使得打开 PDF 文件时，自动显示书签，且书签只展开到第一级目

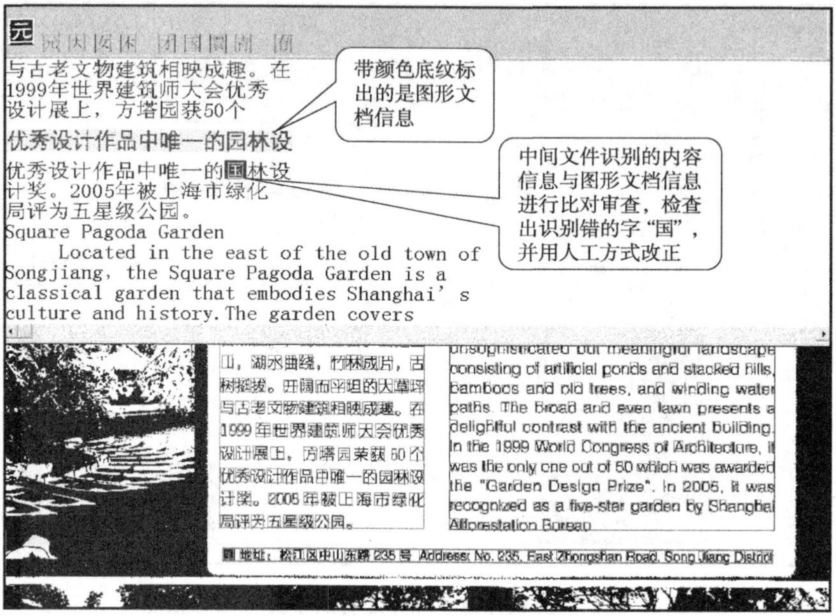

图 3-11　审查软件自动检查出识别错误需人工修改

录；PDF 初始放大率设置为“适合页面”，书签动作缩放比例设置为“承前缩放”。对 PDF 文档的加工，一般有两种需求。第一种为双层 PDF；第二种为版式还原的纯文本单层 PDF。

（2）双层 PDF 文档加工

利用导入软件将中间文件的信息导入到专业排版工具中进行初步批量排版，批量排版可以把原书字体、字号、行距等信息批量处理并导出符合要求的 PDF 文件，导出的 PDF 文件中的文字及图像位置信息将与原书基本一致，至此将形成初步排版的版面文件。

添加书签时，根据图书目录添加书签，书签内容从文本中复制，同时检查是否与纸质书一致，并删除多余空格，使得书签内容文字差错率小于 1/30 000。并设置文档属性，使得打开 PDF 文件时，自动显示书签，且书签只展开到第一级目录；PDF 初始放大率设置为“适合页面”，书签动作缩放比例设置为“承前缩放”。

终审时，检查 PDF 文档数据的完整性，是否有缺页、重页，页码顺序颠倒的现象，页面尺寸大小是否一致，版心是否居中、一致，页眉线是否有锯齿现象，书签设置是否有误，内容字体是否嵌入，缺字是否矢量造字等。通过终检以上问题，确保每个 PDF 文档的综合差错率控制在 1/30 000 之内。

双层 PDF 文档图像层的要求与图像 PDF 文档相同，精度一般为 300 DPI。图像层和文字层的文字要对位准确，反显区域与文字区域相差控制在 1 毫米以内。图 3-12 显示的是 PDF 文档图像层与文字层错位，尚未对齐的情况，图中文字层显示在图像层下方。

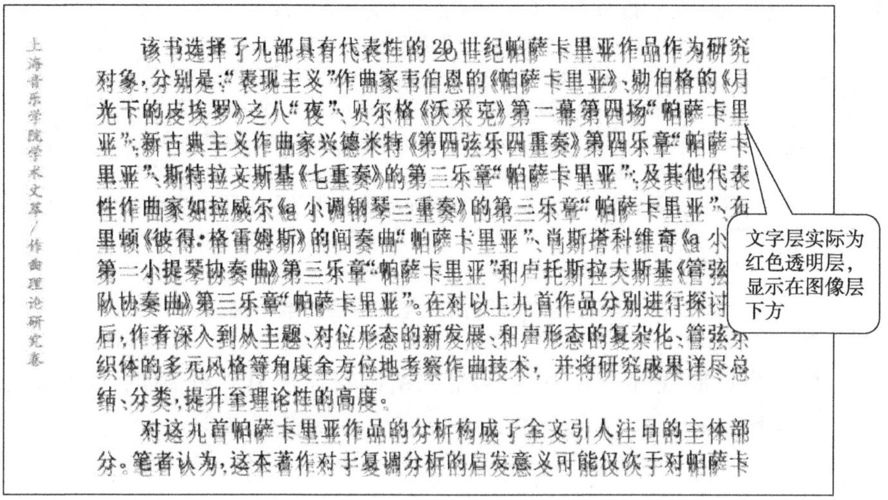
上海音乐学院学术文萃/作曲理论研究卷

该书选择了九部具有代表性的 20 世纪帕萨卡里亚作品作为研究对象，分别是："表现主义"作曲家韦伯恩的《帕萨卡里亚》、勋伯格的《月光下的皮埃罗》之八"夜"、贝尔格《沃采克》第一幕第四场"帕萨卡里亚"；新古典主义作曲家兴德米特《第四弦乐四重奏》第四乐章"帕萨卡里亚"、斯特拉文斯基《七重奏》的第三乐章"帕萨卡里亚"；及其他代表性作曲家如拉威尔《a 小调钢琴三重奏》的第三乐章"帕萨卡里亚"、布里顿《彼得·格雷姆斯》的间奏曲"帕萨卡里亚"、肖斯塔科维奇《a 小调第一小提琴协奏曲》第三乐章"帕萨卡里亚"和卢托斯拉夫斯基《管弦乐队协奏曲》第三乐章"帕萨卡里亚"。在对以上九首作品分别进行探讨后，作者深入到从主题、对位形态的新发展、和声形态的复杂化、管弦乐织体的多元风格等角度全方位地考察作曲技术，并将研究成果详尽总结、分类，提升至理论性的高度。

对这九首帕萨卡里亚作品的分析构成了全文引人注目的主体部分。笔者认为，这本著作对于复调分析的启发意义可能仅次于对帕萨卡

图 3-12　PDF 图像层与文字层尚未对齐示例

在双层 PDF 文档加工时，TIFF 图在下面，中间文件调用的文字层呈透明状在上面，需要调整文字层以对准 TIFF 图。在显示阅读时，上层看到的是 TIFF 图，需要进行标注的内容则在文字层。双层 PDF 文档显示对准的情况如图 3-13 所示。

在采用双层 PDF 文档进行阅读时，上层已是展现原图的图像文档，有两点需要说明：

①带有复杂公式、表格的单元不会在双层 PDF 时使用，不用再对公式、表格图像进行专门的切图处理。

②在双层 PDF 文档中，加工文字层的字体统一为宋体。

（3）版式还原的纯文本单层（精排）PDF 文档加工

单层 PDF 要求与双层 PDF 中的文字层大致相同，版式还原的纯文本单层 PDF 文档加工也叫作精排。排版人员使用专用排版工具进行人工精确排版。操作员根据原书图像通过改变正文、页眉页脚字体，字号，类型，标

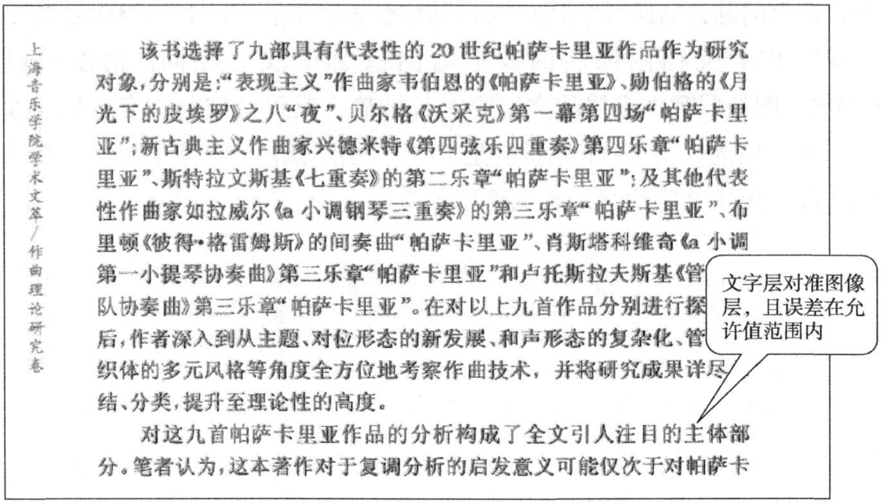
上海音乐学院学术文萃/作曲理论研究卷

该书选择了九部具有代表性的20世纪帕萨卡里亚作品作为研究对象，分别是："表现主义"作曲家韦伯恩的《帕萨卡里亚》、勋伯格的《月光下的皮埃罗》之八"夜"、贝尔格《沃采克》第一幕第四场"帕萨卡里亚"；新古典主义作曲家兴德米特《第四弦乐四重奏》第四乐章"帕萨卡里亚"、斯特拉文斯基《七重奏》的第二乐章"帕萨卡里亚"；及其他代表性作曲家如拉威尔《a 小调钢琴三重奏》的第三乐章"帕萨卡里亚"、布里顿《彼得·格雷姆斯》的间奏曲"帕萨卡里亚"、肖斯塔科维奇《a 小调第一小提琴协奏曲》第三乐章"帕萨卡里亚"和卢托斯拉夫斯基《管弦乐队协奏曲》第三乐章"帕萨卡里亚"。在对以上九首作品分别进行探讨之后，作者深入到从主题、对位形态的新发展、和声形态的复杂化、管弦乐织体的多元风格等角度全方位地考察作曲技术，并将研究成果详尽总结、分类，提升至理论性的高度。

对这九首帕萨卡里亚作品的分析构成了全文引人注目的主体部分。笔者认为，这本著作对于复调分析的启发意义可能仅次于对帕萨卡

图 3-13　PDF 图像层与文字层对准示例

注上下标，换页眉线等一系列操作完成精确排版工作，排版的文件版式与原书内容保持一致。最后导出符合合同要求和国际标准的 PDF 文件。有两点需要说明：

①要求版式与原纸质图书保持一致。部分没有或者难以辨别的字体可用相似字体代替。图 3-14 展示的是版式还原的纯文本单层 PDF 文档，它在图书的原有版式中，将文字内容以纯文本方式展现。

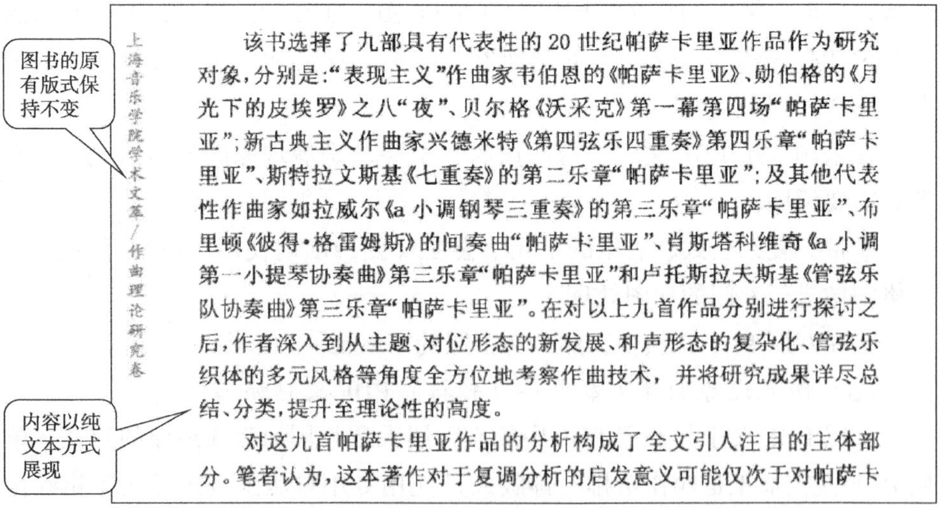
上海音乐学院学术文萃/作曲理论研究卷

该书选择了九部具有代表性的20世纪帕萨卡里亚作品作为研究对象，分别是："表现主义"作曲家韦伯恩的《帕萨卡里亚》、勋伯格的《月光下的皮埃罗》之八"夜"、贝尔格《沃采克》第一幕第四场"帕萨卡里亚"；新古典主义作曲家兴德米特《第四弦乐四重奏》第四乐章"帕萨卡里亚"、斯特拉文斯基《七重奏》的第二乐章"帕萨卡里亚"；及其他代表性作曲家如拉威尔《a 小调钢琴三重奏》的第三乐章"帕萨卡里亚"、布里顿《彼得·格雷姆斯》的间奏曲"帕萨卡里亚"、肖斯塔科维奇《a 小调第一小提琴协奏曲》第三乐章"帕萨卡里亚"和卢托斯拉夫斯基《管弦乐队协奏曲》第三乐章"帕萨卡里亚"。在对以上九首作品分别进行探讨之后，作者深入到从主题、对位形态的新发展、和声形态的复杂化、管弦乐织体的多元风格等角度全方位地考察作曲技术，并将研究成果详尽总结、分类，提升至理论性的高度。

对这九首帕萨卡里亚作品的分析构成了全文引人注目的主体部分。笔者认为，这本著作对于复调分析的启发意义可能仅次于对帕萨卡

图 3-14　版式还原的纯文本单层 PDF 示例

②生僻字造字问题。由于文字本身是矢量，不使用图片，因此碰到生僻字时，要求用矢量造字补缺。在补字对应的文本处统一用“■”表示。就是说，需要另行造字，再替补黑方块所代表的字。图 3-15 为生僻字的造字显示。

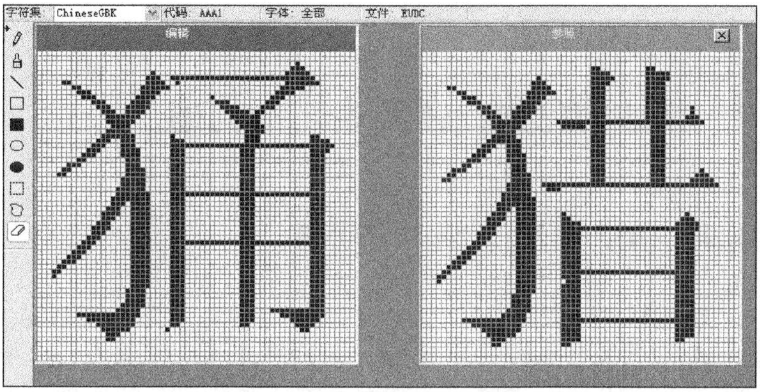

图 3-15　生僻字的造字显示

将形成矢量的生僻字植入纯文本单层 PDF 文档中的情况，如图 3-16 所示。

图 3-16　植入单层 PDF 中新造的矢量字

(4) 加工成品检查

检查每个 PDF 文档数据的完整性：①是否有缺页、重页，页码顺序颠倒的现象；②页面尺寸大小是否一致，版心是否居中、一致；③页眉线是否有锯齿现象；④书签设置是否有误；⑤内容字体是否嵌入；⑥缺字是否已经完成矢量造字等。通过终检以上问题，确保每个 PDF 文档的综合差错率控制在 1/30 000 之内。

3.8 非结构化加工需要说明的问题

3.8.1 精排 PDF 文档中的问题

(1) 版式线处理

版式还原的纯文本单层 PDF 文档，即精排加工，排版仍要求与原纸质图书版式一致，因此，对于版式中原有上下边版式线条的地方，仍需要采用矢量图重新排版加线，如图 3-17 所示的上边版式线。

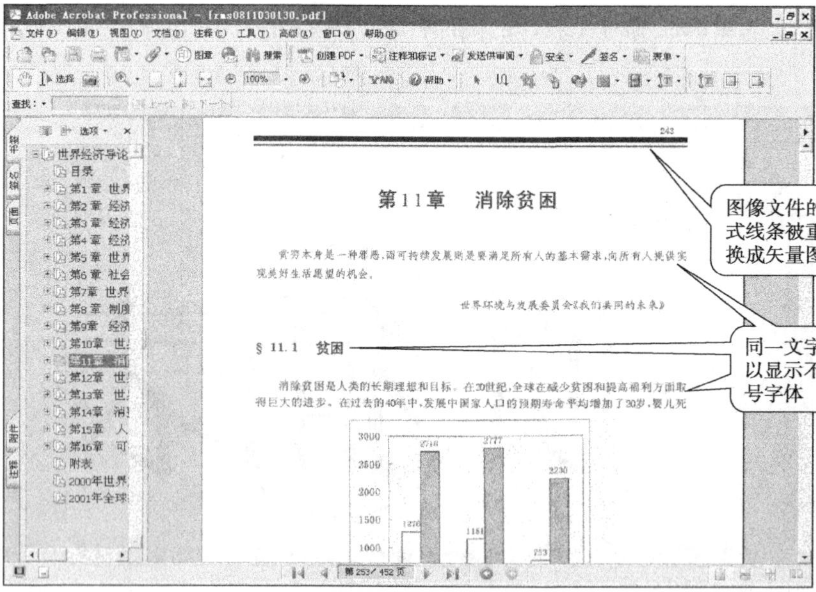

图 3-17 重新排版的矢量图线条以及不同字体字号矢量字

(2) 字体保留

精排加工中套用原纸质图书的版式，文字层的文字可以各种字体显示，如图 3-17 的加工界面中显示的文字层，有三种不同字号的字体，黑体、仿宋体及宋体，这是和双层 PDF 加工文字层统一为宋体不一样的地方。

（3）图表显示

在精排的文档中，图片和表格均能够保持原书中的样式和位置，如图 3-18 所示。

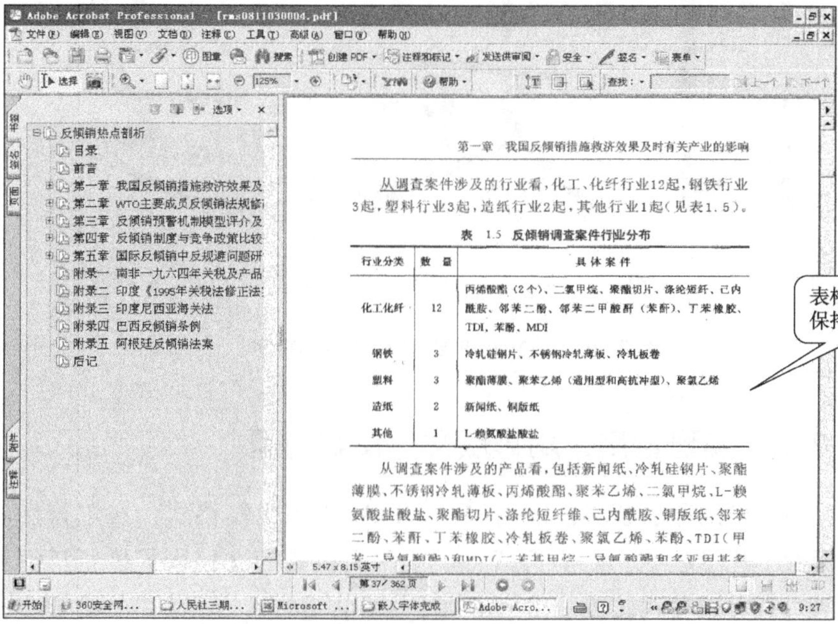

图 3-18　单层 PDF 文档中的表格仍保留原貌示例

（4）矢量字特点

精排中的字是矢量图，理论上讲可以无限制地缩放，不变形、不发虚。无锯齿状出现是单层 PDF 文档的典型特点，能够符合印刷质量的要求。被放大 3200 倍时得到的“是”字字形仍然清晰，如图 3-19 所示。

（5）成本因素

双层 PDF 文档加工时，需要人工干预的工作量较少，但精排加工需要人工干预的工作量较大，因此，在考虑加工的成本因素时，要综合选择合适的数字化加工类型。

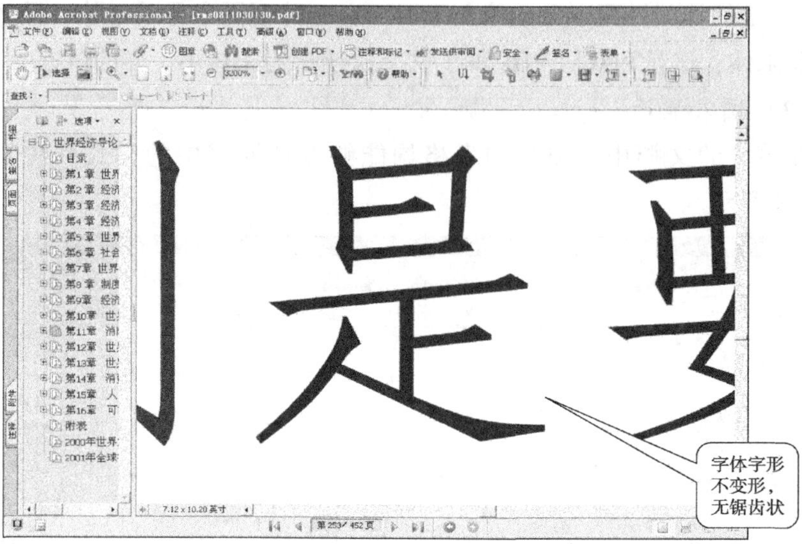

图 3-19　纯文本单层 PDF 文档矢量字

3.8.2　实现重用印刷排版文件反解问题

在出版印刷的印前领域，以前用于印刷版式的文档格式，在进行历史出版资源数字化过程中，需要重新将用于印刷版式的文档格式进行反解处理，使之进行文档格式转换，实现跨媒体重用。目前，已经有一些数字化加工企业能够将出版企业现存的各种排版文件（如方正书版、方正飞腾、PageMaker、Indesign 等）经过程序转换与精加工，制作成为国际通用的 PDF、XML、EPub 等标准格式。通过反解软件的转换，减少了重新扫描修图的步骤，直接进入校对、标引工序，生成的文件可以跨媒体用于印刷版、网络版、手机版、阅读器发布等，如图 3-20 所示。

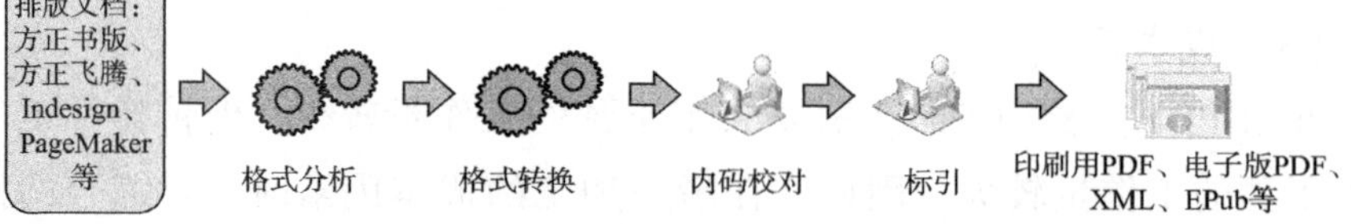

图 3-20　印刷版文件反解格式转换加工流程

3.8.3　电子化内容数字化加工问题

这里所说的电子化内容资源指的是由用户、读者、作者及有关机构等所提供的由 OFFICE、WPS 等办公软件所制作的各类电子化文档。

目前无论是 UGC（用户生产内容）、PGC（专业生产内容）、MGC/AIGC（机器生产内容）或是其他内容生产方式所生产的内容大都是电子化的内容，或者说是经过初步数字化加工的内容。为方便制作成各形态的数字出版产品，还需要对这些已经数字化的内容进行进一步的加工，同时还需要开发一些加工工具。如人民出版社自主开发了 PDF 制作校正 XML、XML 分析入库、数据转换、动画书加工制作等一系列加工工具，可以直接将有关电子文档加工成单层 PDF 文件，这样就降低了加工制作成本，优化了加工流程。

3.9　内容对象的结构化加工

互联网具有的链接、关联、互动与搜索功能，形成了不同于纸媒时代的崭新内容生产与消费方式。非结构化加工的出版资源还不能充分展现网络媒体的上述功能，缺少革命性的突破和创新。出版企业的内容资源还需要进入信息化阶段，实现内容对象按知识元拆分重新组织，进行结构化加工，以便充分利用内容形成适应跨媒介、跨平台、跨渠道传播的出版物，最终快速响应市场的需要。

3.9.1　哪些内容需要进行结构化加工

在数字化加工类型中已经讲到，在 CRM 系统中，有重用、再生价值的出版资源，就不能仅仅停留在非结构化加工阶段，而需要根据其性质、特点、类型等，将内容对象进行碎片化，建立相应拆分后的内容对象资源库，提高内容的利用率，以满足新的数字产品和商业模式的需要。CRM 系统中的出版资源可能会有多种类型，例如，根据图书资源的不同性质、特点，可分类为论著类、教材教辅类、辞书类等。再进一步针对不同性质的图书资源，采用不同的反解方式，对应 CRM 系统中的不同资源库类型。如，按结构拆分的论著库、按篇章节拆分的教材教辅库、按条目拆分的辞书语料库等。[1] 尽管对应的内容对象不同，但是进行拆分的规则和结构化方式基本上是一样的，都需要进行 XML 标引。

对元数据以及内容对象的 XML 标引，首先要由甲方监理方提出 XML 数据加工需求，加工方再按照甲方监理方用户的要求进行参数设置加工标引。

3.9.2 XML 数据标引

(1) 针对不同数据内容进行 XML 置标

XML 标记语言是一种简单的数据存储语言，使用一系列简单的标记描述数据，这些标记是一个公共格式，可以以方便的方式建立，不依附于特定浏览器。XML 占用的空间虽然比二进制数据要多，但它极其简单，易于掌握和使用，没有固定的要求。因此，XML 被广泛用作跨平台之间交互数据的形式，主要针对数据的内容，通过不同的格式化描述手段，生成对应的 HTML、PDF 或者其他的文件格式进行表达。

用 XML 标记元数据，其语法为：<标记属性＝值>信息内容</标记>，前面< >为信息内容的开始标记，后面</标记>为信息结束的标记，二者成对出现。开始标记中的“属性”，是提示计算机处理用的参考信息，用以识别信息的语义，为建立的倒排档提供内容析出的依据。例如，本书用 XML 方式记述的部分基础书目信息元数据如下。

<书名>数字出版内容管理</书名>

<著者>黄孝章　田姝</著者>

<出版地>北京</出版地>

<出版企业>知识产权出版社</出版企业>

<出版年月>2023 年 3 月</出版年月>

<开本尺寸>720mm×1000mm　1/16</开本尺寸>

用 XML 记述内容对象数据，则要根据内容对象各种类型的结构化需要。对图书的类型结构化可以分为如下三类，每一种类型在进行 XML 标引时的数据内容可以不相同。①论著类图书：每篇论著可供结构化的内容包括：标题、作者、摘要、关键词、文章内容等。②教材教辅类图书：按照篇、

[1] 张国强，林江发. 数字出版资源库建设实践［J］. 出版参考，2010（33）：18-19.

章、节来反解内容。③辞书类图书：先将辞书以条目为单位进行反解，再进一步把条目里面不同意义的内容结构化。最终形成一本辞书对应一个条目集合，集合里面每个条目都是结构化的数据。

（2）图书元数据的 XML 标引

如前所述，图书元数据信息用处大，应尽可能多加标引，可以包括的内容有：书名、年份、责任者，主要责任者关系、出版社、出版地、摘要、主题/关键词、其他题名、作品类型、次要责任者、次要责任者关系、出版日期、标识、标识类型、纸书价格、版次、印次、字数（千字）、中图分类号、语种、索书号、目录等。表 3-10 所示为某出版企业对某类图书元数据标引的加工要求。

表 3-10　XX 资源数据库基础信息元数据加工要求

名称	要求
唯一标识号	图书唯一标识
书名	包含副标题
丛书名	作为一个系列，并且系列中每册图书都有书号或定价，可单独销售
套书名	作为一个系列，并且系列中每册图书没有书号或定价，不可单独销售
作者	包含著作方式，著作方式与作者名以空格间隔，多个作者之间以空格间隔
出版社	多个出版社联合出版，以书号为准，无书号的以排列在先为准
其他出版社	本书与其他出版社联合出版的出版社名
ISBN	书号，不含分类号部分，无书号的图书可空
出版日期	
版次年	
版次月	
版次	
印次年	
印次月	
印次	
译者	包含译著方式，译著方式与译者名以空格间隔，多个译者之间以空格间隔
开本	内容包含“开”
开本尺寸	

续表

名称	要求
字数	版权页字数，单位为千字，内容不含单位
页数	图书正文页数，单位为页
定价	
语种	
内容简介	
目录	
关键词	
中图分类	
封面图片	尺寸统一为 197mm×279mm

（3）正文文本的 XML 标引

以北京中献拓方科技发展有限公司为例，根据合同提供的 XML 标准，对数据标引程序进行配置优化，在加工生产流水线上进行。首先要制定完备的 DTD❶，标识程序加入相应标签，如角标标签。编写相应的 XML 文件，使其能够在 IE 浏览器显示图书内容，根据显示结果检查标引正确与否，从而加工生产出满足甲方监理方要求的 XML 文件。

在画框识别的代码界面中，文字画框表示锁定的文字内容，文字画框位置信息已经由中间文件描述，每一个中文字符或者英文字母分别用字符画框标注，标题章节以及每一行都用起始、结束内部标识符进行标记，如图 3-21 所示。

带有图形的正文文本 XML 标识中，图用图形画框锁定，并在标引界面中用标记表示。带有图形的正文文本 XML 标识示例如图 3-22 所示。

❶ DTD（Document Type Definition）是一套关于标记符的语法规则，是 XML 文件的验证机制，属于 XML 文件组成的一部分。DTD 是一种保证 XML 文档格式正确的有效方法，可通过比较 XML 文档和 DTD 文件来检查文档是否符合规范，元素和标签使用是否正确。每一个 XML 文档都可携带一个 DTD，用来对该文档格式进行描述，测试该文档是否为有效的 XML 文档。各机构都能根据 DTD 建立 XML 文件，并且进行验证，从而轻易建立标准和交换数据，满足网络共享和数据交互。

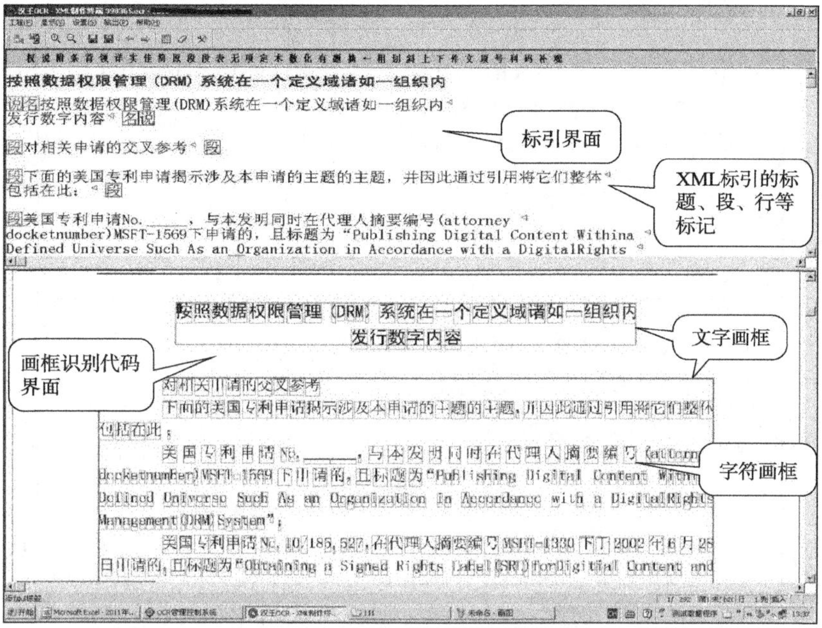

图 3-21　正文文本的 XML 标识示例

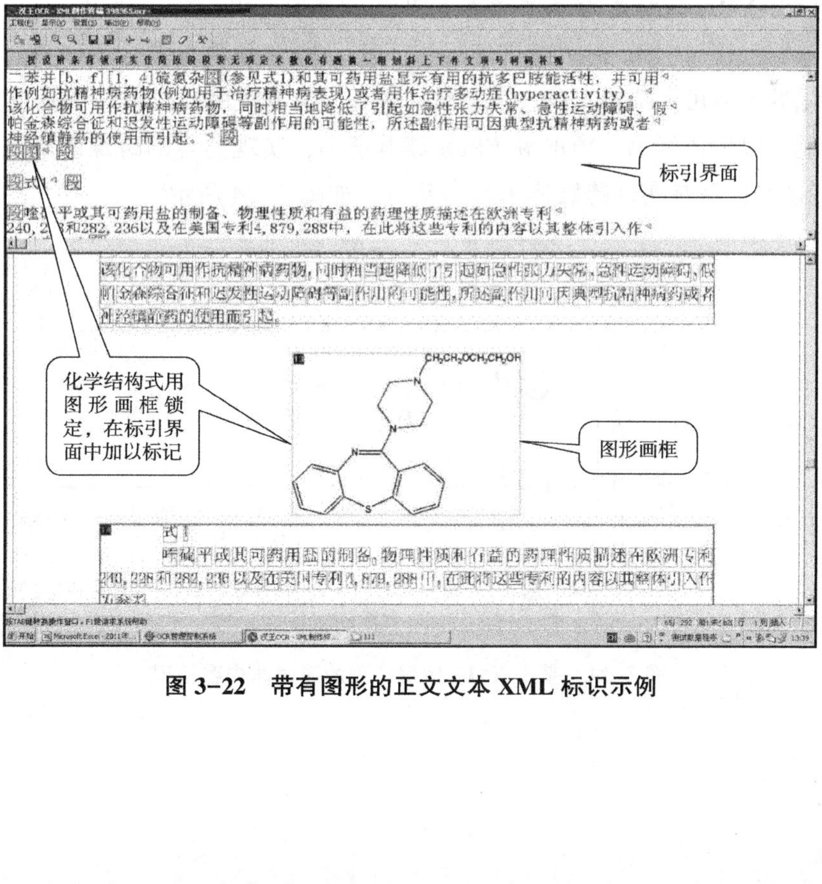

图 3-22　带有图形的正文文本 XML 标识示例

带有表格的正文文本 XML 标识中，表格也用图形画框锁定，并在标引界面中有表格的标记。带有表格的正文文本 XML 标识示例如图 3-23 所示。

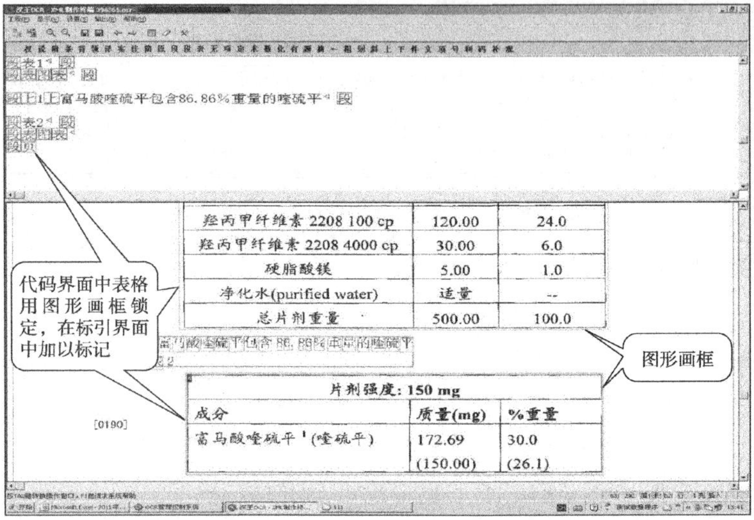

图 3-23　带有表格的正文文本 XML 标识示例

（4）XML 标引是跨媒体出版的基石

根据上述对 XML 标引的讲述可以了解，尽管原始文档有多种格式，但归一化处理后可形成标准的图书 XML 标引，通过程序初排或者程序转换之后，就可以形成纸书、PDF 和 EPub 等电子书，实现内容的跨媒体呈现。因此说 XML 标引是实现跨媒体出版的基石，如图 3-24 所示。

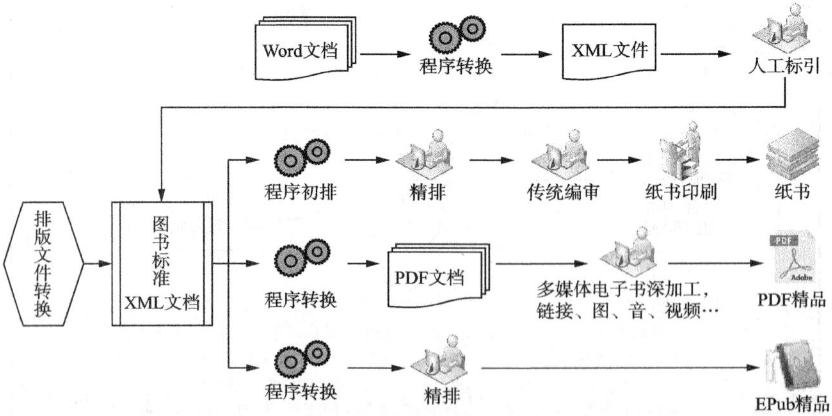

图 3-24　基于 XML 标引实现的跨媒体内容呈现

3.9.3　内容资源的 XML 深度标引

在 CRM 系统中有重用、再生价值的内容资源，就不能仅仅停留在非结构化加工阶段，而是需要根据其性质、特点、类型，对内容对象进行碎片化，建立相应拆分后的内容对象资源库，提高内容资源的利用率、重用率、再生率，快速响应和满足市场新的阅读需求。CRM 系统中的出版资源可能会有多种类型，例如，根据图书资源的不同性质、特点，可分类为论著类、教材教辅类、辞书类、其他类等。针对不同性质的图书资源采用不同的反解方式，并对应 CRM 系统中的不同资源库类型，如按结构拆分的论著库、按篇章节拆分的教材教辅库、按条目拆分的辞书语料库等。[1] 尽管对应的内容对象不同，但是进行拆分的规则和结构化方式是一样的，都需要进行基于内容的 XML 标引，甚至是深度标引。

内容资源的 XML 标引是国外出版企业开展数字出版已经走过和已经实现的工作，有很多成熟的经验，但是通过文献和国外考察，只能了解到通过 XML 标引的具体数字出版产品所具有的强大功能，快速的市场用户需求响应能力，成熟的数字出版商业模式，而很难见到具体的内容资源 XML 标引加工过程讲述或案例介绍。本书以知识产权出版社建设的中国知识产权网的中国药物专利数据库数字出版产品为例，分析基于内容资源的 XML 深度标引的特点和加工过程。

中国药物专利数据库（以下简称“药物专利库”）是目前全球唯一深度加工标引的中国药物专利数据库，其中，中药、西药专利题录数据库能够提供药物专利发明的主题信息检索和显示；辅助检索文档的中药材辞典、西药辞典和确定化学结构数据库，是进行中药、西药名称和结构检索的工具；方剂数据库和化学物质信息数据库收录专利中的化学物质信息和中药方剂信息，提供专业化的检索功能。并同时建成了中药材名称数据库、化学物质登记文档数据库两个辅助数据库系统。长期以来，药物专利库的服务对象为专利审查人员，现已面向社会提供服务，适用于大专院校、科研

---

[1] 张国强，林江发．数字出版资源库建设实践［J］．出版参考，2010（33）：18-19.

机构以及制药企业等。药物专利库体系如图 3-25 所示。❶

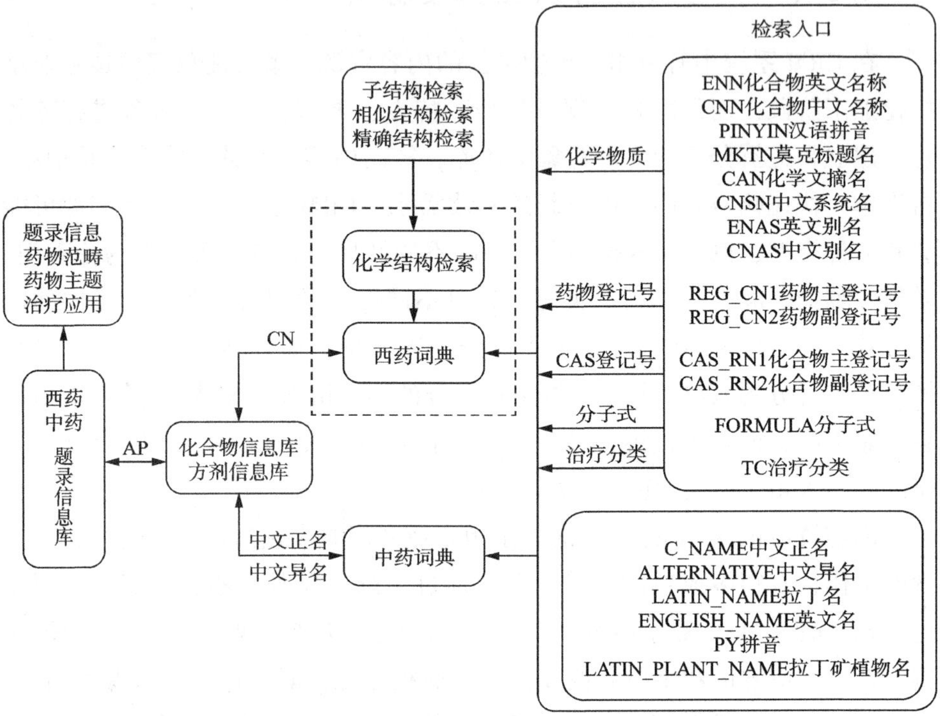

图 3-25　中国药物专利数据库体系结构

基于 XML 标引的药物专利库，加工内容包括：①专利发明主题标引，②医疗应用标引，③范畴分类，④文摘重新撰写，⑤化学物质信息标引，⑥中药方剂信息标引等。以一份西药发明专利的申请文件进行深度加工以及在网页展示的界面形式为例，说明基于 XML 深度标引的内容拆分加工过程。一份中药或者西药发明专利申请，包括了专利申请书和专利说明书两大部分，专利申请文件有规范的结构条目要求。图 3-26 显示了一份西药专利申请书首页信息；图 3-27 显示的是该专利的申请说明书中的一页，这是进行基于 XML 标引的原始对象信息。

❶ 参见中国知识产权网：http：//www.cnipr.com/services/cplb/201004/t20100416_111610.html.

(19)中华人民共和国国家知识产权局

(12)发明专利申请

(10)申请公布号 CN 106334180 A
(43)申请公布日 2017.01.18

(21)申请号 201610703004.5

(22)申请日 2016.08.22

(71)申请人 吕欢
地址 261100 山东省潍坊市大家洼街道禄海路201号4号楼1单元202号

(72)发明人 吕欢

(74)专利代理机构 贵阳派腾阳光知识产权代理事务所(普通合伙) 52110

代理人 管宝伟

(51)Int.Cl.

A61K 38/01(2006.01)
A61P 3/10(2006.01)
A61K 35/38(2015.01)
A61K 35/618(2015.01)
A61K 31/352(2006.01)
A61K 31/7048(2006.01)
A61K 31/423(2006.01)
A61K 31/337(2006.01)
A61K 31/216(2006.01)
A61K 31/433(2006.01)
A61K 31/5375(2006.01)
A61K 36/899(2006.01)
A61K 31/51(2006.01)
A61K 31/714(2006.01)
A61K 31/375(2006.01)
A61K 31/045(2006.01)

权利要求书2页　说明书9页

(54)发明名称

一种治疗Ⅱ型糖尿病的中西药口服制剂

(57)摘要

本发明公开了一种治疗Ⅱ型糖尿病的中西药口服制剂，所述中西药制剂是由以下成分组成：复生草、白肚、白残花、角螺厣、松毛火绒草、旋花苗、艾虎蛋白水溶粉、白矢车菊素、牡荆素、紫云英苷、隐黄素、东莨菪素、薏苡素、紫杉酚、菠菜提取物、非诺贝特、乙酰唑胺、盐酸奥沙氟生、纤维粉、复合维生素；本发明将多种西药有效成分和中药成分进行合理配比，不仅可以有效降低血糖，还具有活血通络、滋阴清热、消肿化瘀、抗菌抗炎的作用，通过调节血糖，控制感染，活通经络来改善Ⅱ型糖尿病病人的生活和预防减少Ⅱ型糖尿病并发症。

图 3-26　一份西药专利申请书首页信息

CN 106334180 A　　**说　明　书**　　1/9 页

一种治疗Ⅱ型糖尿病的中西药口服制剂

技术领域

[0001]　本发明涉及糖尿病用药技术领域，具体是涉及一种治疗Ⅱ型糖尿病的中西药口服制剂。

背景技术

[0002]　糖尿病是一组以高血糖为特征的代谢性疾病，高血糖则是由于胰岛素分泌缺陷或其生物作用受损，或两者兼有引起，糖尿病的诊断一般不难，空腹血糖大于或等于7.0毫摩尔/升，或餐后两小时血糖大于或等于11.1毫摩尔/升即可确诊。糖尿病分为I型和II型糖尿病，进食过多，体力活动减少导致的肥胖是II型糖尿病最主要的环境因素，高血压、血脂异常等因素也会增加患病风险，且具有明显的家族史，大多数II型糖尿病于30岁以后发病。II型糖尿病中一部分病人以胰岛素抵抗为主，病人多肥胖，因胰岛素抵抗，胰岛素敏感性下降，血中胰岛素增高以补偿其胰岛素抵抗，但相对病人的高血糖而言，胰岛素分泌仍相对不足，此类病人早期症状不明显，仅有轻度乏力、口渴，常在明确诊断之前就可发生大血管和微血管并发症。糖尿病长期存在的高血糖，不仅会给患者身心带来伤害，而且其造成的各种组织的慢性损害及功能障碍，使得糖尿病并发症高达100多种，且其并发症的不可逆性会给患者带来更大的伤害，故糖尿病并发症的预防也是糖尿病治疗的关键。II型糖尿病也叫成人发病型糖尿病，多在35-40岁之后发病，占糖尿病患者90%以上，II型糖尿病病友体内产生胰岛素的能力并非完全丧失，有的患者体内胰岛素甚至产生过多，但胰岛素的作用效果却大打折扣，因此患者体内的胰岛素是一种相对缺乏。可以通过某些口服药物刺激体内胰岛素的分泌。

[0003]　II型糖尿病及其并发症的治疗应以预防为主，通过血糖控制，降低糖尿病及其并发症的发病率，患者也应配合饮食及锻炼。目前对II型糖尿病的治疗以口服降糖药物刺激体内胰岛素的分泌为主，但此类口服降糖药物依赖性大，对机体带来的副作用也不小，且并不能很好地控制糖尿病并发症的发作，所以对II型糖尿病及其并发症的治疗既需要控制血糖，又需要从内里疏导，通经络，去瘀血，将改善症状和调理相结合才能从根本上治疗II型糖尿病并控制其并发症，这就是本发明要研究的。

发明内容

[0004]　本发明的技术方案是，一种治疗Ⅱ型糖尿病的中西药口服制剂，是由以下重量份的成分组成：复生草36-62份、白肚33-59份、白残花31-56份、角螺靡28-52份、松毛火绒草26-49份、旋花苗25-45份、艾虎蛋白水溶粉23-43份、白矢车菊素20-38份、牡荆素17-36份、紫云英苷15-33份、隐黄素13-30份、东莨若素11-27份、薏苡素8-24份、紫杉酚6-21份、菠菜提取物5-17份、非诺贝特4-13份、乙酰唑胺2-10份、盐酸奥沙氟生1.5-7.5份、纤维粉4-16份、复合维生素0.015-0.037份。

[0005]　进一步地，所述的艾虎蛋白水溶粉的制备方法为：取艾虎除去内脏和皮骨用来药用的新鲜肉，清洗干净后用高速组织捣碎机进行捣碎处理，使其细胞完全破裂，便于提取，

图 3-27　一份西药专利申请书信息

在知识产权出版社自主开发的标引编辑器中，如图 3-28 所示，有三个窗口同时展开。左端窗口以层级式结构显示标引加工文件的结构位置，被标志的即为正在进行的拆分标引文件编号。右下窗口显示了需要被标引的

申请书页面信息，与图 3-26 显示的是类似的文件；右上方窗口是标引工作窗口，标引单中是进行了 DTD 的结构表单，需要将右下窗口中相应的信息人工添加到相关的栏目，这就是内容标引加工工作过程。

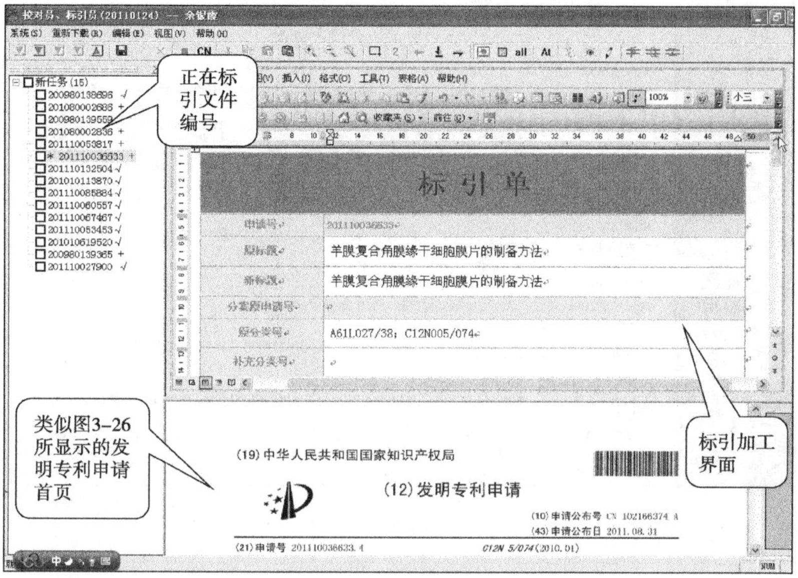

图 3-28　西药专利申请书标引界面

通过上述标引加工，可对专利申请和说明书的信息进行拆分标引，药物专利库已经收录了自 1985 年以来公开的全部医药发明专利文献，共计近 18 万条数据，其中包括化学药物近 11 万条，中药突破 7 万条。标引记录的内容涉及具有治疗、预防、保健、诊断作用的药物化合物，药物组合物及其制备方法、使用方法的专利文献。还收录了新的药物中间体，洗发精或牙膏等生活用品及保健用品、食品中有实质性疗效的药物成分的专利文献，所收录的专利涉及 31 个 IPC 国际专利分类号。[1]

图 3-29 和图 3-30 分别是药物专利库中经过深度标引加工，在中国知识产权网站上供浏览的两份药物专利信息界面，其中，图 3-29 为一份西药专利信息；图 3-30 为一份中药专利信息。

[1] IPC（International Patent Classification）是目前世界范围内唯一通用的国际专利分类。

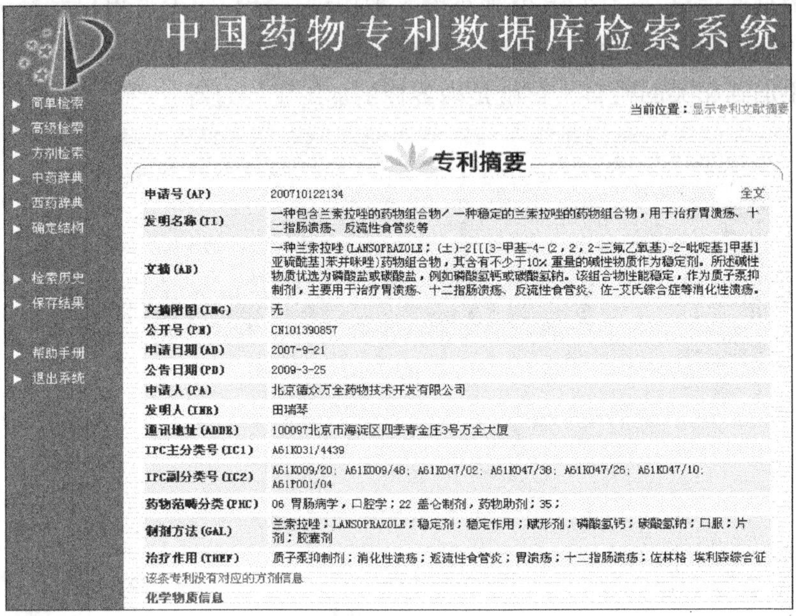

(a)

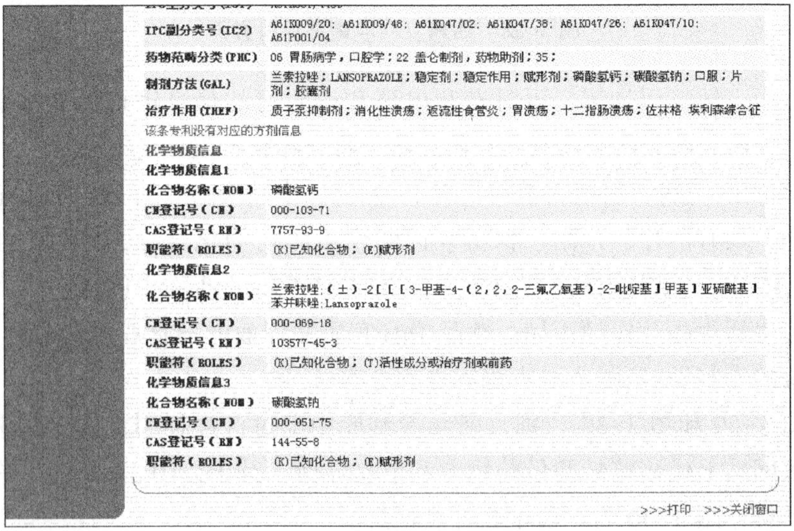

(b)

图 3-29　一份西药专利具体信息

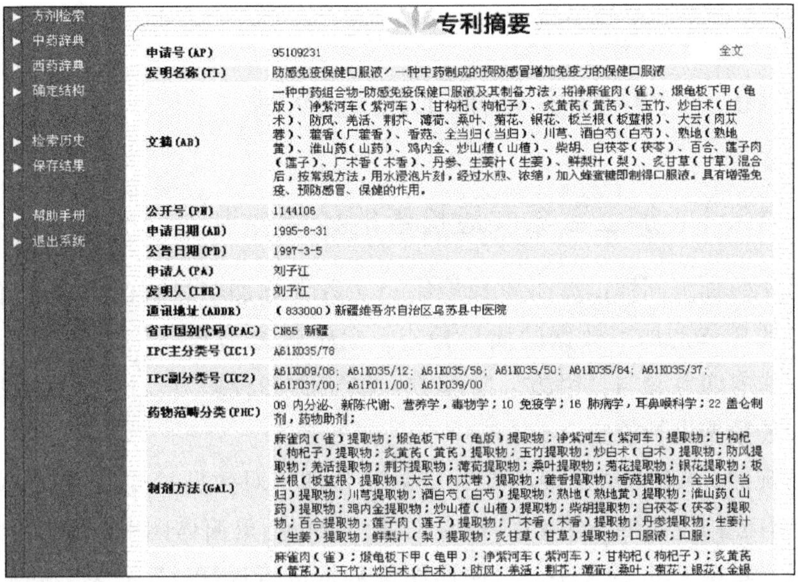

(a)

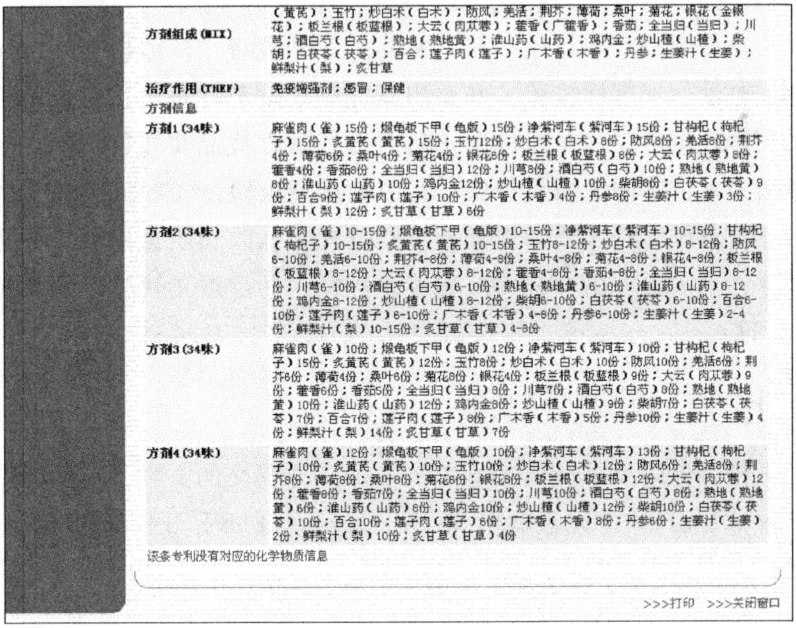

(b)

图 3-30　一份中药专利具体信息

3.10 内容数字化加工质量控制

3.10.1 加工数据质量检查的校验控制

数字化加工同样也需要质量控制。在数字化加工过程的后期，还有一个重要的环节是加工数据的质量检查，通常称之为数字化加工数据校验。这项工作有四方参与：甲方、监理方、加工方和校验方，由校验方对加工方提交的数据进行校验。

传统的折校❶方法已经不能适应数字化加工对数据校验的需要，因此，现在已有专门开发的专用PDF检查工具，对包括繁简体图书的双层PDF文字层或者单层PDF的文字，对照原图像数据进行逐行逐字比对，进行数字化加工的完整性、规范性检查及质量校验与修改。使用专门的检查软件在效率与质量控制方面都大大超过了传统的折校法。

加工数据的校验控制有一套完整的工序和流程。从数据交接开始，进行数据完整性、规范性校验，并要出具完整性规范性报告；对校验中检查出来的问题进行修正，在通过修正后再进行数据成品交接等。加工数据的质量校验包括：①图像质量校验，②PDF质量校验，③XML质量校验，④书目数据质量校验，⑤纸书检查等。经过校验修改和质量控制后的数据综合差错率，一般要求在1/10 000标准之内，一些重点文献甚至要达到1/30 000的标准。

3.10.2 校验文件交接

根据校验合同要求，校验方需核实加工方提交的文件，包括：①书目清单（一式三份）。②光盘数据（一式三份）。③纸质图书。填写数据交接备忘函，双方核实相关项，确认后双方签字。提交的文件中，书目清单由

❶ 折校，“校”是校对术语。亦称“比校”。指将原稿放在校对者正前面的桌上，校样拿在两手的拇指、食指与中指之间（右手同时执笔），逐行折与原稿相对应进行校对的方法。

甲方、加工方和校验方各存一份；光盘两份（密封一份）提交至甲方，校验方留存一份。

数据及图书交接完毕后，校验方需要派专人对图书及光盘进行封闭式管理，归类整理，以备校验工作之用。

3.10.3　数据的完整性及规范性校验

（1）专人对照清单进行交接数据检查

由专人负责对照书目清单，进行以下工作：①测算本批数据数量是否符合要求；②对照进度计划检查提交数量是否准确；③对照清单检查提交图书品种是否缺少；④利用程序检测每本数据的文件夹个数，每个文件夹内是否存在相应的单双层 PDF 文件，XML 文件及图像文件是否缺少。

如有以上缺少的任何数据，加工方都需要补充提交或者重新提交。

（2）对照原书文件的完备性检查

由专人负责对照原书进行检查，内容包括：图像文件，PDF 文件，XML 文件是否存在缺页、残页、重页现象（纸质书本身缺页、残页、重页除外）等。检查结果记录需填写“完整性规范性报告”。以上文件中，如果缺页数超过一定比例，需要加工方重新提交该文件。

（3）对照命名规则的项目检查

按照合同命名的规则进行项目检查，内容包括：①每批数据第一层文件夹名是否与书目文件一致；②图书的完整书号和书名，期刊的完整名称、年代、当年期数和总期数；③每层文件夹下是否有插图文件夹（没有插图的数据不需要此文件夹）；④单页扫描图中文件命名、排序是否正确；⑤图书 PDF 文件名是否与 XML 文件名完全一致；⑥纯图像 PDF 文件名前是否加前缀“Y”，目录 XML 文件名前是否加前缀“M”等。

（4）对照命名规则的检查结果处理

对图书或者期刊校验检查的结果，要记入“完整性规范性报告”检查表中，提交给加工方，同时抄送甲方和监理方。加工方确认报告中指出的问题，并修改重新提交此批数据；校验方则继续校验，直到数据的完整性规范性合格为止，进入下一步质量校验阶段。

3.10.4 数据的质量校验

质量校验总原则遵照以原书内容为准。检查结果记入“差错明细单”，统计差错记入“数据校正和质量控制验收报告（总表）”，计算每本数据的差错率，判断验收结果是否合格。

（1）图像文件质量校验

通过校验程序自动批量校验，内容包括：①检查图像的分辨率，是否满足合同要求各类图像文件的分辨率及格式要求；②检查图像尺寸大小，是否与原书一致并尺寸统一；③版心是否居中，是否有明显倾斜。

由专人负责打开图像全屏，无盲点式逐页对照原书检查图像是否清晰，有无污点，有无颜色失真，图像是否完整无缺等，对“单页扫描图”和“插图”中出现的以上任何问题，都要记入“差错明细单”。

（2）PDF 文件质量校验

PDF 文件质量校验包括双层 PDF、单层 PDF 的质量校验。PDF 文件检查需要建立一套完整的操作规范流程，尤其针对一些易混的相似字及特殊符号，需要建立《易错字符集和符号集》，如“人\入，日\曰，未\末，1\l，0\O”等。PDF 文件质量校验工具应可以轻松校对错误的相似字或特殊符号，保证成品差错率控制在规定的 1/10 000 或 1/30 000 以内。采用专用的 PDF 检查工具进行文字内容检查时，软件界面如图 3-31 所示。

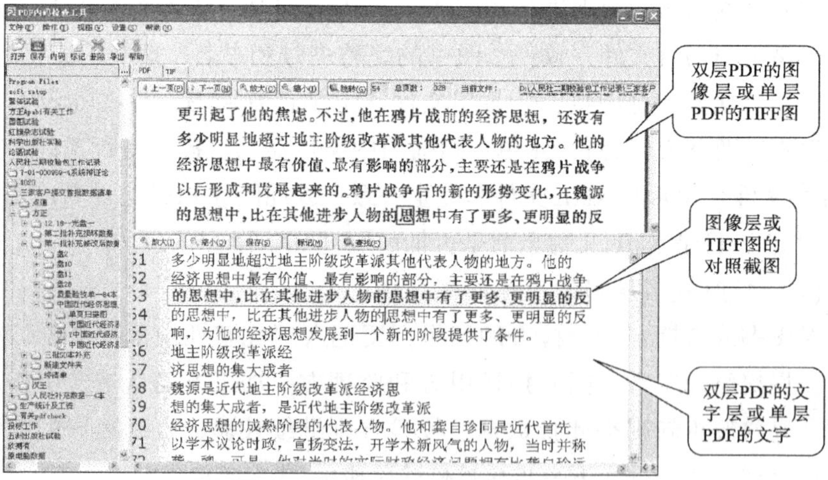

图 3-31　PDF 文件质量校验界面示例

①对双层 PDF 的文字层或单层 PDF 的文字，应对照原图像进行逐行逐字比对，检查内容包括文字、外文、数字、页码、标点符号等，尤其注意相似字、可疑字、造字、特殊符号、上下标标注，繁体转简体（繁体图书），空格、标点的全半角等问题。

②遵照纸质图书或期刊的目录，检查双层 PDF 的书签是否有漏做、文字错误、链接错误；书签的动作缩放比例是否为“承前缩放”；PDF 打开时是否同时显示书签，且展开到一级目录；PDF 的初始放大率设置是否正确等。检查双层 PDF 的对位问题，是否在放大到 200% 的时候，反显区域与文字区域相差在 1mm 以内。

③遵照纸质图书或期刊的目录，检查单层 PDF 的书签是否有漏做、文字错误、链接错误等如②中所列各项设置错误。然后着重检查单层 PDF 的版式问题，如行首行尾是否对齐，字体字号是否与原书一致，可代码化的文字是否以代码化形式展示，特殊字是否矢量造字等。

通过 PDF 文件检查工具，对照原图像对双层 PDF 的文字层或单层 PDF 的文字进行逐行逐字比对，这种方法与传统折校效果一致，但是极大减轻了人力负担，节省了人力资源，校对速度有了很大的提升。

（3）纯图像 PDF 的质量校验

纯图像 PDF 的质量校验内容包括：①由程序检查 PDF 中图像各项参数是否符合甲方要求；②由专人负责逐页对照原书检测纯图像 PDF 文件是否有缺页、多页、错页、页序错误，图像与文件搭配是否存在错误，检查书签链接及内容是否正确，PDF 文件初始设置是否符要求。

对三种 PDF 文件的质量校验结果进行统计，以上三种文件中出现的任何错误，都要记入“差错明细单”。

（4）XML 文件质量校验修改

开发程序批量校验每个 XML 文件（图书 XML 文件包括正文 XML 和目录 XML 文件；期刊 XML 文件包括文章 XML 和目录 XML 文件）是否符合规定的数据格式，如 XML 文件不符合数据格式，则该 XML 文件不合格。

通过软件，从经过质量检查校对的双层 PDF、单层 PDF 中提取文字，与加工方提交的正文 XML 数据进行逐字比对，对不一致的文字内容、页码、符号标签等进行标注，再由专人负责修改校对。

对图书正文 XML 或期刊文章 XML 文件进行检查，内容包括：①影响正文内容文字连续性的内容是否已剔除；②与正文页码重复的页面前是否已加“*”；③段尾是否回车，段首是否留有两个全角空格，段落间除回车和两个全角空格外是否有其他符号；④目录 XML 文件中是否有页码或层级标识错误。

对上述检查结果进行统计，正文 XML 和目录 XML 文件中出现的以上任何错误，都要记入“差错明细单”。

（5）书目数据逐条校对

由专人负责，逐条校对，保证图书或期刊数据内容准确、无差错，并与文件所存文件夹一一对应。如果一册图书有一个数据项错误，则该条图书书目数据为不合格，需记入“差错明细单”。

（6）纸书拆装的质量检查

由专业人员负责纸书检查，内容包括：①可拆书装订后图书是否完整，页排序是否正确，是否有掉页情况发生，每页面积大小是否一致，有无明显歪斜，书脊保留是否完整；②甲方注明不得拆书的图书，加工单位是否保持完好无损；③原书本身有破损的地方，加工方需在书目清单中备注；④有破损但未备注的，校验方要记错，并录入“差错明细单”。

3.10.5 数据成品抽检及标准

（1）按比例抽检加工文件

根据校验合同，对甲方提交的图书或期刊，按照一定比例进行质量抽验。按照约定的检验标准，以及校验方制定的具体方法，客观公正、实事求是地检查并分别记录图像文件、PDF 文件及文本 XML 文件中的具体错误内容、错误类型、错误数量。如实填写“数据校正和质量控制验收报告（总表）”和“差错明细单”，并在规定的时间之内向加工方和甲方分别出具质量验收报告。

（2）校验合格标准的设立

对每本图书或者期刊加工的数据是否合格，可以设置标准如下：①单层 PDF 和双层 PDF 综合差错率大于 1/10 000，该书 PDF 文件不合格。②单层 PDF 对应 XML 差错率（含章节目录 XML）超过 1/10 000，该书 XML 文件不合格。③双层 PDF 对应 XML 差错率（含章节目录 XML）超过 1/10 000，该书 XML 文件不合格。

(3) 校验成品合格后的提交

对每批次验收结果是否合格的校验流程和设置标准如下：①每批数据按照是否进行了质量校验、是否进行了成品修改分两类提交校验结果；②抽验数据中，差错率不合格数量占总抽验数量 10% 以上的，此批数据验收结果确定为“不合格”；③验收结果为“不合格”的批次数据，加工方需要返工其中未进行质量校验的数据成品，通查类似的错误，并修改后重新提交；④直到此批数据的最终验收结果为“合格”后，校验方根据“差错明细单”对所检验的数据文件进行修改，并在约定时间内提交修改后的结果；⑤校验方在约定时间内提交数据，并把每个批次的完整数据（包括图像文件、PDF 文件、XML 文件、排版文件）以光盘形式提供给甲方一式两份。随盘还要附三份书目清单、完整性规范性验收报告单、质量验收错误报告单，由四方在工程备忘录及检验报告上分别签字确认，同时提交原纸质图书。

第4章　数字化生产

出版数字化的生产十分重要，它是实现传统出版（常说的纸质出版）与数字出版融合发展、打通传统出版与数字出版“鸿沟”的利器。通过数字化的生产，最终能够将“书、卡、盘、网、库”多种媒体形态有机整合，将“读、听、视、查、带”多种功能融为一体，使各种介质都能够有效承载出版物内容，实现用户无缝阅读体验，为读者提供最便捷、最有效的服务。

数字化生产的加工程度不同，对应的数字出版阶段也不同。可以将内容资源加工为纸本图书原版版式的电子书，供在线、离线免费阅读、下载，或向图书馆销售，或压成光盘随书附赠。这种电子书仅仅是载体由纸媒变成光盘或网络文件，是一种非结构化的生产加工，对应数字出版的1.0阶段。在数字出版的2.0阶段，典型特点是将内容资源进行结构化生产，一是改变原有的表现形式，在电子书中插入音频、视频、动画等媒介形式，实现传统纸质图书向光盘、网络、数据库等跨媒体出版的转型；二是打破传统图书以“本”为阅读单位的做法，将内容资源按照知识元进行结构化标引，使之成为内容资源数据库中的一个个条目，具备检索查询、讨论答疑、定制互动等功能，实现“一次制作、多形态发布”。目前，有些出版企业已经开展基于语义的内容资源深度结构化标引，使之能够通过语义搜索查询，自动形成摘要、提要，为读者提供按“主题”阅读等各种新的阅读形式，以及更加精准、个性、高效、互动的阅读服务。同时也有的出版企业基于对海量内容资源的深度标引，通过知识组织、知识关联、知识挖掘、语义和大数据分析等技术为用户提供知识的智能推送服务，为用户的工作提供辅助决策。这将是数字出版的3.0阶段，是数字出版走向智慧化、出版智能化应用的高级阶段。

高等教育出版社、人民出版社、人民法院出版社、人民卫生出版社等出版企业，通过数字化转型的实践，已经进入到数字出版 2.0 向 3.0 发展的阶段。

4.1　什么是数字化生产

对于数字出版，目前存在很多种理解。有人认为只要使用二进制技术手段对出版的整个环节进行操作，就属于数字出版的范畴；也有人认为数字出版就是互联网出版。2010 年 9 月，新闻出版总署发布的《关于加快我国数字出版产业发展的若干意见》指出，“数字出版是指利用数字技术进行内容编辑加工，并通过网络传播数字内容产品的一种新型出版方式，其主要特征为内容生产数字化、管理过程数字化、产品形态数字化和传播渠道网络化”。简言之，数字出版使出版全流程带上“数字”的烙印，体现“数字”符号的独有魅力。

目前，数字出版产品形态主要包括电子图书、数字报纸、数字期刊、网络原创文学、网络教育出版物、网络地图、数字音乐、网络动漫、网络游戏、数据库出版物、手机出版物（彩信、彩铃、手机报纸、手机期刊、手机小说、手机游戏）等。[1] 2011 年 11 月 10 日，新闻出版总署署长柳斌杰在全国数字出版工作会议上的讲话中指出，数字出版的新产品新形态包括了电子图书、数字报纸、数字期刊、原创网络文学、网络教育出版物、网络地图、数字音乐、网络动漫、网络游戏、手机出版物以及基于各种移动终端的数字出版物。[2] 数据库出版物不是一种独立的产品形态，数据库是数字出版产品共同的工具阵地，具有信息管理技术特征。从中国新闻出版研究院 2021 年 10 月发布的《2020—2021 中国数字出版产业年度报告》看，数字出版产业包括互联网期刊，数字报纸（不含手机报），博客类应用，网络动漫，移动出版（移动阅读、移动游戏等），网络游戏，在线教育，互联

---

❶ 新闻出版总署《关于加快我国数字出版产业发展的若干意见》[EB/OL].（2010-09-15）[2022-09-08]. http：//www.gapp.gov.cn/cms/html/21/508/201009/702978.html.

❷ 参见柳斌杰在六中全会精神指引下推动数字出版跨越式发展——在全国数字出版工作会议上的讲话。

网广告，数字音乐等细分领域；博客类应用、互联网广告等也算作是数字出版。该报告还指出，出版企业纷纷借助电商平台、短视频平台、微信服务号等，扩展新媒体营销渠道，试水短视频营销和直播电商，取得初步成效，实现了内容全方位传播、品牌多维度展示。短视频和网络直播已成为出版品牌建设的重要着力点和出版机构提供知识服务的新途径，数字出版的外延将进一步扩大。可见，对数字出版形态的理解是随着信息技术的发展而不断产生变化的。

由于本书的目的是帮助出版企业理解现阶段数字出版的业务状况、数字出版的基础工作，以及如何根据各单位的实际情况选择不同的数字出版形式，因此，在本书中我们对数字出版的理解更加偏向于目前的业务需求和技术现状。不同的出版企业、不同的出版物，最终的数字出版形式都可以不一样。我们认为，将内容资源按照一定的技术标准进行加工、存储、管理，并能直接发布或经过编辑加工后发布为有关出版产品形态的生产过程，就是数字出版。按照这样的理解，数字化生产就是利用数字技术手段，将非结构化的内容资源按照一定的技术标准进行加工、标引，以实现内容资源“碎片化”、结构化存储与管理的过程。

传统出版单位在其出版过程中，积累了大量有价值的文本、图片等内容资源。为了使这些内容资源可供其他数字出版产品使用，目前很多出版企业建立了较为完善的内容资源管理平台，出版企业的业务编辑可以方便地通过平台进行内容资源的检索、调用、修改、检入、检出等工作。尽管这些内容资源还没有真正实现“碎片化”管理，还不能满足跨平台发布的需求，但是可以大大降低出版物的制作成本，提高制作效率，加快对市场的响应。我们认为，这也是出版物数字化生产过程，即使出版物最终通过印刷产生纸质形态，但它的出版也是数字出版的成果。

目前，更为普遍的数字出版需求是将内容资源加工成某种特性的数字化形式，形成一个可以重复利用的数字资产，可以实现一次制作、多形态发布。

例如，某跨国出版集团旗下的一个信息出版子公司，旨在为需要随时把握人力资源、商业、法律等领域复杂规则的专业人士提供一流信息服务。这个信息出版子公司是世界领先的专业信息出版商，他们进入中国市场初期，并不了解中国的人力资源、商业、法律等出版业务现状，也没有相应的内容资源。在调查后发现，中国的律师事务所、会计师事务所、培训机构等数量众多，有大量的法律、法规、案例等内容资源。这些内容资源都以文本的形式存储在关系型数据库中。为了取得中国这部分专业信息出版市场，他们首先从中国的律师事务所、会计师事务所和培训机构等以较低的成本购买内容资源，一般是直接购买关系型数据库；其次，在中国定制符合其全球出版业务的规范，采用 XML 技术将原有的关系型数据库存储方式转换为基于 XML 技术的内容资源库，目的是实现一次制作、多形态的发布；再次，聘用中国的专业人员在可协同编撰的内容资源库上进行内容再造，如进行内容的标引、拆分、关联等，以便实现跨平台的发布；最后，按照其公司的全球化战略和商业模式，定制在中国的运营方式，开展数据库出版、按需出版、培训、咨询等业务。

更进一步的是知识化资源库的建设。大多数出版企业可变现的内容资源其实并不多，尤其是互联网资源更是缺失。目前，出版行业更需要的是将内容变为知识的能力，知识服务已经成为出版业发展的战略重点，也是数字出版发展的重要趋势。知识化资源库建设首先需要构建领域知识体系，包括领域词典、领域本体及语料库的建设等。其次是需要基于领域知识体系，利用知识标引工具，对 XML 化的内容资源进行结构解析和知识标引，实现内容资源的结构化存储，形成知识资源库。如中国知网的《学术期刊库》目前已汇聚了中文学术期刊 8490 余种，共计 6010 余万篇全文文献；外文学术期刊包括来自 80 个国家及地区 900 余家出版社的期刊 7.5 万余种，共计 1.2 亿余篇外文题录，可链接全文[1]；人民法院出版社的法律知识服务平台——法信是国内最大的法律知识和案例大数据平台，在全国 30 个省（自治区、直辖市）三级法院部署，法律专业注册用户超过 90 万。法信知识资源库汇聚了海量的内容资源，共有 12 个一级库和 60 个子库（详细介绍见 5.6.1 节）。内容资源的知识化加工能力和知识服务产品的生产能力将成为出版企业核心竞争力。

以上几种情况，展示了将内容资源按照一定技术标准进行加工、存储、管理和发布的数字化生产和管理运营行为。基于 XML 技术的内容资源库建设和知识资源库建设将是数字出版的发展方向，这有助于出版企业提高快

[1] 数据来源：https://kns.cnki.net/kns8?dbcode=CFLQ.

速响应市场的能力、提升影响力和品牌力。

4.2 数字出版的关键技术

基于 Xml 技术进行数字化生产和内容资源建设，是出版业实现融合和高质量发展的关键。XML 技术是目前用来处理非结构化数据或结构化文档最有力的技术，是实现数字出版“一次制作、多次发布”最有效的工具，因而是开展数字出版的关键技术。在下面小节中将简要介绍 XML 的相关技术。

4.2.1 XML 文档

前面有关章节对 XML 做了简单介绍，下面再通过两个例子对 XML 文档格式作进一步的说明。表 4-1 是我们常见的学生考试成绩单。

表 4-1 数字内容管理成绩单

课程名称：数字内容管理　　专业：信息管理与信息系统

班　　级：信管 2022-1 班　　授课教师：王老师

课程性质：必修　　考核方式：闭卷考试

考试人数：80　　考试时间：2022. 11. 20

学号	姓名	性别	平时成绩/分	期末成绩/分	总成绩/分
20220010	张三	男	26	70	96
20220011	李四	男	30	65	95
20220012	王五	男	28	65	93
20220013	赵六	男	27	60	87

表 4-1 用 XML 文档可以表示如下：

```
<? XML version=" 1.0" encoding=" gb2312"? >
<? XML-stylesheet type=" text/xsl" href=" score.xsl"? >
<成绩单>
```

```
<课程名称>数字内容管理</课程名称>
<专业>信息管理与信息系统</专业>
<班级>信管 2022-1 班</班级>
<授课教师>王老师</授课教师>
<课程性质>必修</课程性质>
<考核方式>闭卷考试</考核方式>
<考试人数>80</考试人数>
<考试时间>2022.11.20</考试时间>
<学生学号=" 20220010" >
<姓名>张三</姓名>
<性别>男</性别>
<平时成绩>26</平时成绩>
<期末成绩>70</期末成绩>
<总成绩>96</总成绩>
</学生>
<学生学号=" 20220011" >
<姓名>李四</姓名>
<性别>男</性别>
<平时成绩>30</平时成绩>
<期末成绩>65</期末成绩>
<总成绩>95</总成绩>
</学生>
<学生学号=" 20220012" >
<姓名>王五</姓名>
<性别>男</性别>
<平时成绩>28</平时成绩>
<期末成绩>65</期末成绩>
<总成绩>93</总成绩>
</学生>
<学生学号=" 20220013" >
<姓名>赵六</姓名>
```

<性别>男</性别>

<平时成绩>27</平时成绩>

<期末成绩>60</期末成绩>

<总成绩>87</总成绩>

</学生>

</成绩单>

XML 文档格式是纯文本格式，在许多方面类似于 HTML，XML 文档由 XML 元素组成，每个 XML 元素包括一个开始标记，一个结束标记以及两个标记之间的内容。良好格式的 XML 文档必须有一个根元素，就是紧接着声明后面建立的第一个元素，其他元素都是这个根元素的子元素，子元素还可以有自己的子元素，根元素完全包括文档中其他所有的元素。根元素的起始标记要放在所有其他元素的起始标记之前，根元素的结束标记要放在所有其他元素的结束标记之后。如上述 XML 文档中，成绩单为根元素；课程名称、专业、班级、学生等为子元素；姓名、性别、平时成绩等为学生的子元素。

上述 XML 文档中，score. xsl 是独立的样式文件，用于定义文档的字体、字号、文字颜色及表格等样式。

在 XML 文档中，我们还可以对各种公式、图片和复杂表格等内容元素进行标引，图 4-1 是利用 XML 文档编辑工具对公式进行的标引示例。

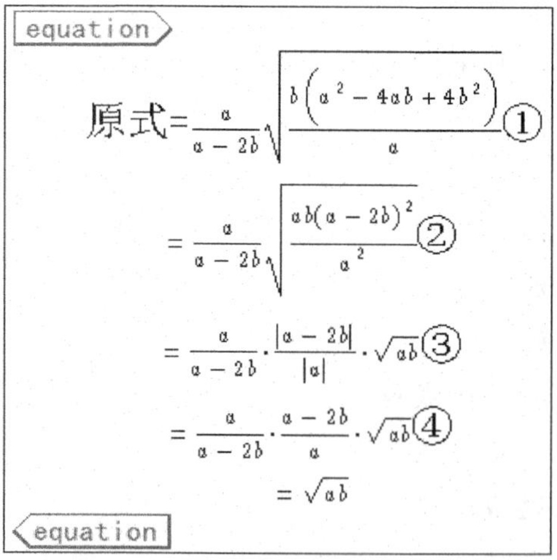

图 4-1　利用 XML 编辑器对图数学公式标记

在 XML 文档中，我们可以通过标记查找和检索文档的相关内容，这样就可以通过 XML 技术将非结构化的文档内容表示为结构化的数据。从而为内容的“碎片化”存储、管理及重复使用提供了技术保障。

4.2.2　XML 的特点

在纸质出版中，我们所看见的页面内容，包括内容信息、版式信息和样式信息已经融合为一体，形成了适合于传统的叙述性线性阅读思维方式的“书”形态。但是信息时代，数字技术在出版领域的应用将会使叙述文本的数字化阅读成为主要的阅读方式。过去人们认为，叙述性文本是思维的高级境界，能够调动思维想象力、理解力，现在有了数字技术，可以通过音频、视频、动画甚至是三维虚拟现实画面，帮助人们观察理解人的肉眼所达不到的宏观和微观世界中的事物，这不仅大大加深了人们对客观世界的认识，拓展了人的世界观视野，而且在人类的交往和信息传播上，能帮助实现对内容的检索、关联、重用。进一步，还能实现互动的数字阅读体验，而这是线性文本所不可能达到的。实现叙述文本的数字化阅读，在现实技术中就要依靠 XML 标引。

XML 作为一种标记语言，可以用来处理任何结构化和非结构化的数据，因而是互联网中对各种信息进行存储、表示、传输和交换的有力工具。XML 的技术特点主要体现在以下 7 个方面：

（1）实现内容、结构、样式的分离

在 XML 中，内容、结构和样式是分离的。在这里，内容是文本信息本身，结构是定义好的业务规范，样式是单独的样式表单文件，三者之间既有紧密联系，又保持相互独立性。文本内容可以不断更新，可以存储任意内容，在标引中统称为内容数据。业务规范提供了统一的模板，一个数据结构可以在定义好了的业务规范中任意组合，不仅提高了工作效率，而且统一了数据交换的标准。样式从内容和结构中独立出来，不同的样式对应不同的发布渠道，可以使内容数据在不同渠道发布，另外，在同一渠道的同类内容数据可以使用相同的样式表单文件。对样式表单的重复利用，大大减少了内容数据展示的样式设计量。

（2）便于数据的共享、传输和交换

在现实工作环境中，计算机系统之间数据存储使用的格式不兼容，对数据管理人员来说，在互联网上不兼容的系统之间实现交换数据是一项最费时的挑战。而 XML 数据以纯文本格式进行存储，因此提供了一种独立于软件和硬件的数据存储方法，这让不同的系统、应用程序之间都可以轻松地共享、传输和交换数据。

（3）简化计算机系统及软硬件的变更

在实际的工作和生产环境中，系统经常需要升级。这项工作往往非常费时费力，必须转换大量的数据，而且不兼容的数据也往往会造成丢失。XML 数据以文本格式存储，使数据转化的工作量降低，并且在不损失数据的情况下，系统更容易扩展或升级到新的操作系统、新的应用程序或新的浏览器。

（4）碎片拆分使数据能重复利用

XML 采用节点或标签来存储数据，可以使用工具轻松地对节点或标签进行操作，来控制和使用数据。例如，可以将大量的数据根据节点或标签拆分成细粒度的数据碎片，在需要的时候调用这些碎片，根据碎片的属性进行重新组合，生成新的数据来适应不同的使用对象。这样，数据可以在不同的场合得到重复利用，数据的价值得到更大发挥。

（5）更加便于程序的开发

由于 XML 使用节点或标签来存储数据，对于编辑人员来说，阅读非常方便；对于计算机应用程序来说，也非常容易处理。XML 的每一个节点或表现存储的内容都是一个元素和对象，因此，非常适合使用面向对象的程序设计方式来开发应用程序，处理 XML 文件。

（6）方便建立和扩展业务标引体系

XML 允许个人和组织按照自己的业务规范建立自己的标引体系，并投入实际的应用中。目前，一些行业组织和机构定制了业内专业的标记语言，例如，MathML 数学标记语言、MusicML 音乐标记语言、CML 化学标记语言，CNML 中文新闻标记语言等。这些已建立的标引体系，可以方便地应用，扩展到企业自身的业务中来。

（7）有利于提高检索效率

XML 通过标引来存储数据，标引或者标引的属性能够描述数据对象本身的属性。因此，检索所需要的文本数据时，没有必要让搜索引擎遍历全部的数据，只需要按照标引或者是标引的属性对数据进行检索，这样可以大大提高检索的速度。另外，图片、表格、音频、视频、公式、符号等复杂的数据，无法像文本一样，让搜索引擎利用全文检索来达到检索目的，但通过标引或者是标引的属性，可以有效实现检索目的。

4.3　业务规范和标引体系

（1）业务规范和标引体系

出版企业采用 XML 技术对内容资源进行数字化生产时，首先要建立一套业务规范，实现对出版物元素的标引。根据业务规范对出版物元素进行标引的方法就是标引体系。建立业务规范和标引体系是一项基础性的工作，需要编辑人员和技术人员共同完成。编辑人员的主要任务是梳理出版物包含的所有元素、对象及其属性，用专业语言对其进行描述并加以注释，形成业务规范，技术人员的主要任务是将这套规范用计算机语言翻译成可以操作使用的标引体系。在实践中，同一类出版物使用一套标引体系，但有时也会因为地域、语言、文化、法律等的差别有所区别。例如，美国的经济法和中国的经济法是不一样的，因此，用于出版美国经济法出版物的标引体系就不适应出版中国经济法的出版物。总的来说，标引体系的抽象度越高，支持的出版物面就越广，反之亦然。

对出版物元素的标引，往往包含与出版物元数据相关的基础信息，例如，书名、年份、责任者、主要责任者关系、出版企业、出版地、摘要、主题词/关键词、其他题名、作品类型、次要责任者、次要责任者关系、出版日期、标识、标识类型、纸书价格、版次、印次、字数（千字）、语种、书号等。同时，还可以包含内容本身的对象或元素信息，例如，标题、篇、章、节、段落、列表、表格、图片、目录、索引、公式、符号、注释，以及多媒体对象，如音频、视频、3D 技术插图等。因此，出版企业建立业务规范和标引体系是一件具有一定难度的工作，它要求编辑业务人员、相关管理人员和技术人员紧密配合。

（2）DTD 及 Schema（XML 模式）

通常，采用 DTD（Document Type Definition）或 Schema（XML 模式）来定义业务规范，因此，DTD 或 Schema（XML 模式）是建立标引体系的重要工具。

DTD 是一套标记的语法规则，它定义了元素、子元素、属性及其取值，规定了用户在 DTD 关联的 XML 文档中，可以使用什么标记、各个标记出现的顺序以及标记的层次关系。Schema（XML 模式）是用于描述和规范 XML 文档逻辑结构的一种语言，它最大的作用就是验证 XML（XML 模式）文件逻辑结构的正确性，这与 DTD 的功能相当。但是，在当前的 WEB 开发环境下，Schema（XML 模式）具有很多的优越性。因为它本身就是一个有效的 XML 文档，因而可以更直观地了解 XML 的结构。除此之外，Schema（XML 模式）还支持命名空间，内置多种简单和复杂的数据类型，并支持自定义的数据类型。目前关于 DTD 或 Schema（XML 模式）技术的书籍和资料很多，本书不再做具体介绍。

（3）开源标准和使用工具

对于复杂的元素或对象，国际上的一些组织和机构提出了一些开源的标准，并开发了大量的工具便于业务人员方便操作和使用。出版企业在定义自己的业务规范和标引体系时就可以引用这些标准和使用这些工具，这将大大地减少基础建设的工作量。例如，数学置标语言（Mathematical Markup Language，MathML）基于 XML 的标准，可以用来在互联网上书写数学符号和公式，它是由 W3C[1] 的数学工作组提出的。由于数学符号和公式的结构复杂，且符号与符号之间存在多种逻辑关系，MathML 的格式十分烦琐，因此大多数人都不会去手写 MathML，而是利用其他的工具来编写，例如采用 Arbortext Editor 创作工具，使 MathML 在数学出版领域得到了大量机构的引用。

（4）Docbook[2] 标引体系

目前也有一些开放的标引体系得到广泛的应用，如 Docbook。Docbook 原本是为了编写和发布技术文档而开发的，但实际上它符合大部分现代书籍的出版要求。Docbook 是一些标准和工具的集合，标准包括了 XML、DTD、XSL、XSL-FO 和 Docbook DTD 等；工具则包括 XSLT Processor 和 XSL-FO Processor 等。这些标准和工具组成了基于 Docbook 的发布系统。其中，

[1] W3C，万维网联盟（World Wide Web Consortium），国际著名的标准化组织，创建并维护 WWW 标准。1994 年成立至今，已发布近百项相关万维网的标准，为万维网发展做出了杰出的贡献。

[2] DocBook 是一种在多种语言下可用的模式，它的主要结构符合一般概念所构成的“书”，DocBook 已被一个庞大而且还在成长中的作者群用于所有种类书籍的编写。

Docbook DTD 是 Docbook 的核心。Docbook 对文档结构进行了详细的定义，如上面提到的标题、篇、章、节、段落、列表、表格、图片、目录、索引、公式、符号、注释等。因此，目前有很多出版企业在定义自己的标引体系时，都大量地使用 Docbook 的内容，在 Docbook 上进行开发和定制化。

使用 Docbook 编写文档的过程，实际上就是根据 Docbook DTD 编辑 XML 文件的过程。在编辑文档的过程中，作者只需要关心内容，根本不会涉及排版的问题。Docbook 提供了十分详尽的定义，所有的内容都用标签封装起来，几乎任何内容都可以根据其用途找到对应的标签。但就像 XML 存在的一些缺点一样，Docbook 的缺点就是非 WYSIWYG（所见即所得），编辑的时候不如 Word 那么直观，直接编辑 XML 文件还是一件比较烦琐的事情。但是这个问题也可以得到解决。使用专门的 XML 内容编辑器就可以让工作轻松很多，例如，Arbortext Editor 就支持 Docbook 文档的编辑。如果最终发布 Docbook 文档，自然需要用到 XSLT Processor 和 XSL-FO Processor 这类的技术。这类技术可供选择的开源工具很多，像 xsltproc、Xalan、FOP 和 PassiveTeX 等。

4.4　数字化生产环境

出版的数字化生产方式和传统的纸质生产方式之间有非常大的差别，对生产环境的要求也不相同。按照数字产品形成的过程来进行划分，数字出版的生产环境一般由三个部分组成：一是数字化编辑加工环境，二是数字内容资源管理环境，三是数字产品制作和发布环境。

4.4.1　数字化编辑加工环境

数字化编辑加工环境是指数字编辑加工人员基于在线协同数字化编辑加工软件平台进行协同工作的软件技术环境。文档类型定义、内容编辑和样式设计（版式设计）是数字化编辑加工三项的主要工作。基于 XML 技术的数字化编辑加工平台一般都将这三者完全分离，使数字出版产品在编辑加工过程中，能很好地实现内容和版式的分离，从而为内容的重用和跨平台发布提供了极大的方便。

(1) 文档类型定义(DTD)

简单地说，文档类型定义就是要定义XML文档中所用的标记元素，也可以理解为XML文档的结构模型。例如，在表4-1所示的成绩单中，各个学校的成绩单内容可能都不一样，这样写成的XML就会有很大的差别，从而不利于信息的交流和共享。如果我们对成绩单的各项内容制定一个标准，也就是说定义一个如下所示的DTD文件，在该DTD文件中我们定义成绩单XML文档中的各项元素及数据类型和元素的属性等，那么基于该DTD文件的成绩单XML文档的结构就完全一样了，这样为我们共享信息提供了极大的方便。

表4-1所示的成绩单的DTD文件：

```
<! ELEMENT 成绩单 (课程名称，专业，班级，授课教师，课程性质，考核方式，考试人数，考试时间，学生+) >
<! ELEMENT 课程名称 (#PCDATA) >
<! ELEMENT 专业 (#PCDATA) >
<! ELEMENT 班级 (#PCDATA) >
<! ELEMENT 授课教师 (#PCDATA) >
<! ELEMENT 课程性质 (#PCDATA) >
<! ELEMENT 考核方式 (#PCDATA) >
<! ELEMENT 考试人数 (#PCDATA) >
<! ELEMENT 考试时间 (#PCDATA) >
<! ELEMENT 学生 (姓名，性别，平时成绩，期末成绩，总成绩，备注) >
<! ATTLIST 学生  学号 CDATA #REQUIRED>
<! ELEMENT 姓名 (#PCDATA) >
<! ELEMENT 性别 (#PCDATA) >
<! ELEMENT 平时成绩 (#PCDATA) >
<! ELEMENT 期末成绩 (#PCDATA) >
<! ELEMENT 总成绩 (#PCDATA) >
<! ELEMENT 备注 (#PCDATA) >
```

文档类型(DTD文件)可以由任意的文档编辑器进行编辑。如写字板、记事本、XML spy等。

由于出版企业的内容资源种类很多，在数字出版过程中，需要为每一类资源定义好 DTD 文件，这是一项烦琐而又十分重要的工作，需要出版人员、编辑人员和技术人员共同配合完成。各类资源的 DTD 文件是构成数字出版基础数据环境的重要组成部分，也是实现资源“碎片化”管理的关键。

（2）XML 内容编辑工具

XML 内容编辑工具是供数字编辑人员编辑 XML 文档的软件工具。目前比较优秀的 XML 编辑工具有 Arbortext editor、Serna XML Content Editor 等。图 4-2 是 Arbortext editor 的编辑界面，在新建 XML 文档时，可以选用或添加文档类型（DTD）文件，如图 4-3 所示。如我们选用前文介绍的成绩单 DTD 文件，XML 文档的结构就如图 4-4 所示。图 4-4 左边显示的是 XML 文档的结构，右边显示的是成对的标签，我们可以在成对的标签之间编辑相应的内容。

（3）样式设计

内容和样式分离是 XML 文档的一大特点。在 XML 文档中可以通过引入样式文件来控制文档内容的显示样式。样式文件主要用来定义 XML 文档中各标记元素内容的显示样式，如内容的字体、字体大小、颜色等。

用样式文件来控制 XML 文档内容的显示，可以实现基于文档类型的排版。对于同一个文档类型（相同 DTD 文件），可以制作一个样式模板，这样对同一文档类型下的数字出版物就可以实现自动排版，无须人工干预，从而大大减少了编辑人员的工作量。

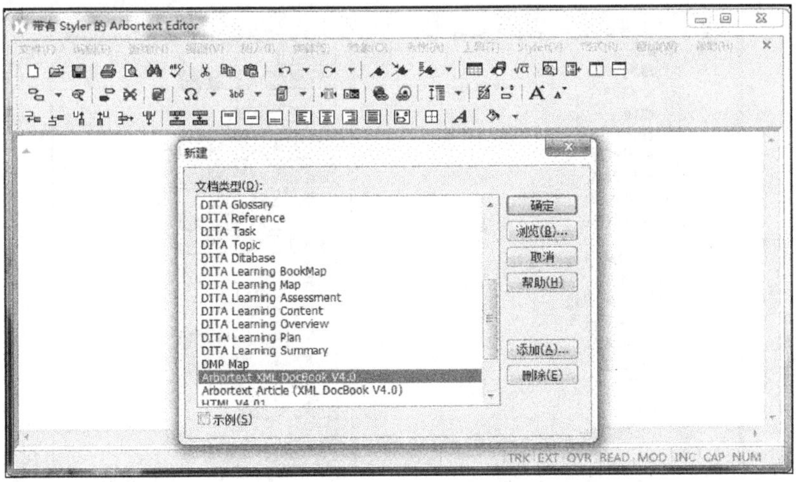

图 4-2　Arbortext editor 编辑工具

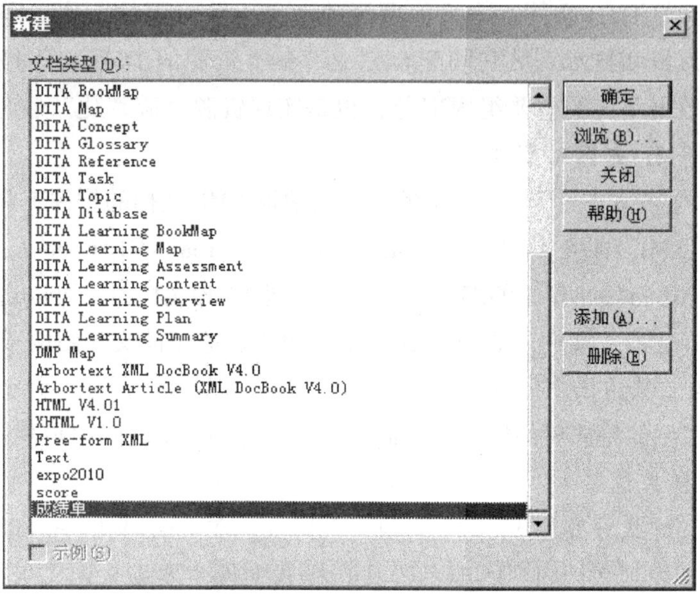

图 4-3　在 XML 文档中引入 DTD 文件

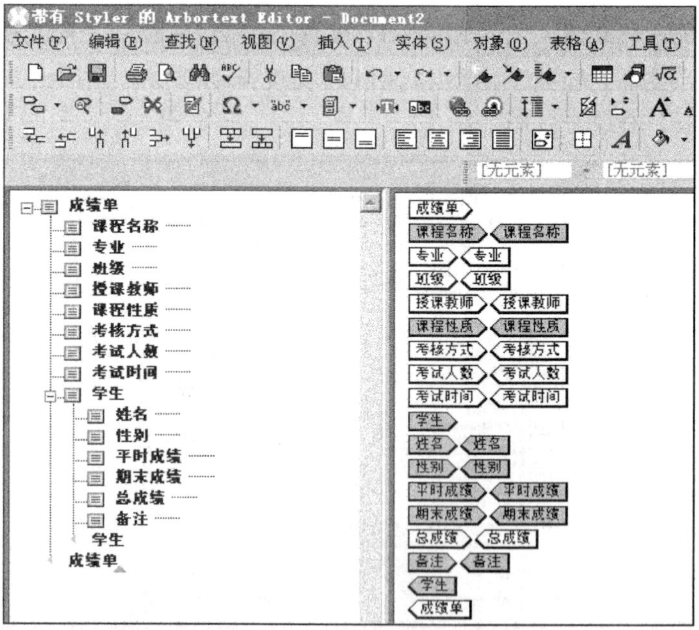

图 4-4　在 XML 文档可进行内容编辑

大多数 XML 内容编辑工具都提供样式设计功能，图 4-5 所示为 Arbortext editor 提供的样式设计界面。样式设计好后，可以以文件的形式进行存储，供同一文档类型的 XML 文档引用。

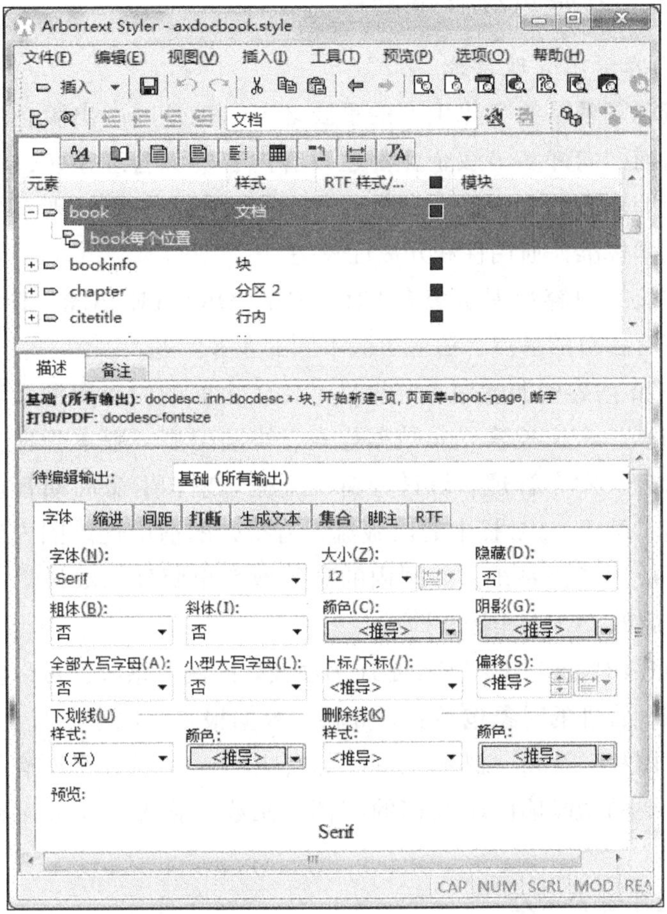

图 4-5　Arbortext styler 样式设计界面

（4）转换工具

由于传统出版企业保存有大量非 XML 格式的内容资源，同时很多内容创作者都习惯使用 word 等文字编辑工具，因此，出版企业在数字化加工过程中，需要将大量非 XML 格式的内容转换成 XML 格式的内容，如果依靠人工重新录入将给出版企业带来巨大的工作量。

Arbortext editor 等 XML 内容编辑工具提供了内容格式转换工具，这些工具通过建立内容转换映射规则，使我们可以对同一文档类型的非 XML 文档进行批量的转换处理。

4.4.2 内容资源管理环境

(1) 内容资源管理系统

内容资源管理是数字化生产的重要环节，也是国内出版企业目前的重要需求。目前国内许多出版企业都建设有内容资源管理系统，但系统技术水平、功能差别较大，而且大多数出版企业的内容资源管理系统都采用企业独有的技术标准，通用性和开放性较差。

目前主流的内容管理系统有 PTC ACM，ORACLE UCM，IBM ECM 等。这些系统都有各自的特点，适应解决不同的业务问题。

PTC ACM 内容资源管理系统提供了比较全面的内容资源管理功能，如文档存储归档、全文检索、元数据检索、协同编撰、版本管理、元数据管理、拆分管理、发布管理、统计分析、流程管理、生命周期管理等。其最大的优势是对基于 XML 技术的出版流程有很强的适应性。国内外许多大的出版企业都应用了该系统，如国内的高等教育出版社、威科集团（Wolters Kluwer）下属的 CCH 中国公司等。

ORACLE UCM 和 IBM ECM 是通用性较好的两个系统，可以应用在广泛的行业领域。管理的对象包括业务资料、数据报表、电子邮件、办公文档、扫描文件、图片、音频、视频、web 页面、电子表单等几乎所有的非结构化数据。其主要的功能偏向于文档的归档，元数据管理，业务流程管理、发布等。

(2) 数字资产管理

资产管理是内容资源管理的基础，关注的是内容资源对象本身。出版企业的内容资产包括词库、题库、图片库、音频库、视频库、法律条文库、论文库等和出版单位业务相关的所有内容资源，如果以数字形式进行的管理就是数字资产管理。数字资产管理能够帮助出版企业实现内容资源的跨媒介出版和应用，帮助出版企业充分发挥数字资产的价值。

(3) 知识管理

知识管理是对资产管理的延伸，关注的是内容资源之上的某种业务属性，往往是掌握在数字编辑人员大脑中的隐性知识或业务经验。知识管理的价值在于能帮助出版企业积累业务经验，提高内容资源管理的质量，提高出版企业的创新能力。

例如，某出版企业已经采用 XML 技术建立了自己的词库。词库以词条为粒度进行存储，词条中包含了解释、同义词、短语、例句、发音、来源等信息，并且企业利用这个词库开发了在线词典的应用。但在应用中发现，用户的体验不是很好，而且很难将该库转换为其他的应用。在后来的系统改进中，他们又重新梳理了自己的业务规范，将作者、编辑的一些业务经验以计算机语言的形式添加到内容资源库，例如，为内容添加了难度级别、使用对象、类别等信息。在此基础上，很快就将整个词库分成了小学词库、中学词库、大学四级词库、大学六级词库、专业四级词库、专业八级词库、考研词库、雅思词库、托福词库、商务词库、技术词库等。之后又开发出了适合不同用户的丰富产品。如此大大减少了编辑人员组稿的时间。这是一个典型的知识管理应用案例。

当然，知识管理是有难度的，在实施中要重点关注对知识的梳理，关注知识与业务、知识与 IT 系统、知识与出版人、知识与读者或用户的融合，以帮助实现内容资源的增值。

（4）元数据

简单地说，元数据是描述数据的数据，是内容资源管理和数据转换的基础。

元数据可以从不同的角度进行分类，按在系统中的用途分，元数据可以分为业务元数据和技术元数据。业务元数据可由出版企业根据自身的业务特点以及国家政策、行业标准自由地进行定义，体现了知识与业务、知识与出版人、知识与读者或用户的融合。业务元数据可以定义到出版企业的业务规范或文档类型中，并可以进行动态的维护。技术元数据是描述关于内容资源管理系统技术细节的数据，这些元数据应用于开发、管理和维护系统。

从描述对象分，可以将元数据分为内容元数据和文档元数据。内容元数据是对内容进行标引和定义，是粒度最细的元数据。通过内容元数据，可以方便地根据业务需求对出版内容本身进行操作，例如，定义拆分规则、存储规则，快速组稿，构建新的产品等。文档元数据对内容的整个文档进行标引和定义，可以通过文档元数据对整个文档进行操作，如快速检索，并可以通过配置，实现内容元数据和文档元数据之间的转换。

4.4.3 数字产品制作和发布环境

数字出版产品可以有多种形态，如电子书、网络出版物、多媒体出版物、手机出版物、数字印刷品等。数字出版的价值体现在能够为读者或用户提供多种不同形式的数字产品。因此，如何基于内容资源管理系统和数字出版产品动态制作与发布平台，快速制作和发布符合出版物特点、满足读者多样化需求、具有创新意识的多形态数字产品是出版企业实现内容资源重用和价值最大化的关键所在。

数字出版产品的发布是读者和用户获取内容的渠道，是数字产品生产的末端环节。数字出版产品的发布渠道可以是一个电子书的容器、应用商城，也可以是出版门户网站、出版服务网站、在线教育网站和电子商务分销网站等。有的产品发布还有专门的硬件环境要求，例如，kindle、bambook等。选择什么样的产品发布形式是由出版物的性质和出版企业的销售策略来决定的。良好的读者体验是衡量发布产品效果的标准，体现在美观、便携，简单易用，并且有较强的交互性。

4.5 “中央厨房”数字化生产模式

“中央厨房”生产模式是我国报业数字化转型的重要成果。概括来讲，报业的“中央厨房”模式，就是将新闻事实视为“原材料”，在后方编辑的选题、策划等“点菜”指挥下，前方记者完成采写的“采购”环节，接下来由“厨房”进行“分拣”“切割”，再将“半成品”调配给专业部门施行报道、评论等“烹饪”环节，最终通过报纸、网站、微博、微信、客户端等“餐厅”，为受众呈现文字、图片、音频、视频、HTML5等多样化“大菜”。[1]

人民日报“中央厨房”是一套为适应融合发展所构建的，基于全新组织架构和业务流程的数字化生产运营机制，是人民日报社策、采、编、发

---

[1] 报业“中央厨房”模式的经济学分析［EB/OL］.（2022-08-19）［2022-10-25］. http：//www. kanshangji. net/news/680. html.

的大脑和神经中枢，发挥着集中指挥、高效协调、采编调度、信息沟通等基本功能。“中央厨房”打破过去媒体采、编、发“板块分割”的生产方式，基于全数字化生产环境，重构生产流程，专门设立总编调度中心、采编联动平台，统筹采访、编辑和技术力量，实现“一次采集，多元生成、多渠道传播”的工作流程。

总编调度中心是人民日报全媒体阵营的指挥中枢，负责宣传任务统筹，重大选题策划与采访力量指挥，同时组建专门团队在中央大厅集中办公，利用互联网平台与各采编团队无缝衔接，随时发布调度指令，通过建立总编协调会制度、采前会制度、新闻线索通报制度，报、网、客户端、微博、微信公众号、短视频 App、大屏内容生产全流程实现深度融合。采编联动平台是中央厨房的常设运行机构，下设全媒体采访中心、编辑中心和技术中心，负责全媒体新闻产品的采集、生产、分发。采访中心根据总编调度中心布置的任务，组织调度记者落实采访任务，审核记者稿件，并及时向总编调度中心反馈稿件采写情况；编辑中心根据总编调度中心布置的任务，策划版面安排，设计版面呈现，组约稿件，落实采前会布置的任务；技术中心根据采访中心和编辑中心的需求及时为记者、编辑提供技术支持，做好多媒体采集和呈现的个性化方案。基于人民日报中央厨房软件平台的内容分发、舆情监测、用户行为分析、可视化制作等一系列技术工具，前后方采编人员随时在线连接，各终端渠道一体策划，形成新媒体优先发布、纸质深度挖掘、全媒体覆盖的传播模式。

“中央厨房”数字化生产模式是对传统出版流程的一次革命性变革，以人民日报、浙江日报报业集团、广州日报报业集团、南方报业传媒集团、中央电视台、河南大象融媒体集团、湖北广电集团等为代表的“中央厨房”生产和发展模式在报业和广电领域掀起了媒体融合发展的新篇章。

第 5 章　内容资源管理

5.1　内容管理与内容资源管理系统

内容是任何类型的数字信息的结合体，可以是文本、图形图像、Web 页面、业务文档、数据库表单、视频、声音文件、VR 电影、AR 动画等。应该说，内容是一个比数据、文档更广的概念，是对各种结构化数据、非结构化文档、信息的聚合。内容资源管理产生于 20 世纪 80 年代中后期，其需求主要来自非结构化数据管理的需要。

什么是内容管理，目前没有一个统一的定义。加特纳集团（Gartner Group）认为，内容管理包括企业内部内容管理、Web 内容管理、电子商务交易内容管理和企业外部网信息共享内容管理，这是从内容范围、形式角度的一种笼统的分类。吉加信息集团有限公司（Giga Information Group）则将内容管理视作电子商务的内容引擎，认为内容管理应和电子商务服务器集成，从而形成内容生产、传递及电子商务端到端系统。而美林公司（Merrill Lynch）的分析师认为，内容管理应侧重于企业员工、企业用户、合作伙伴和供应商方便获得非结构化信息的处理过程，其目的是把非结构化信息出版到企业内部网（Intranet）和企业外部网（Extranet），从而使用户可以检索、使用、分析和共享。

一般认为，内容管理是指利用信息技术，对内容资源按照一定的技术标准和资源结构进行加工、组织、分类和存储，以满足内容动态发布需求，实现内容在企业内部以及企业外部传播和共享的过程。内容管理过程主要借助内容资源管理系统得以实现。

内容资源管理系统是集内容编辑加工、存储、发布、安全管理、统计分析等功能于一体的软件系统。

5.2　内容资源管理系统的基本功能

5.2.1　统一的存储库

内容资源管理系统首先要满足内容资源的存储功能。出版企业的内容资源一般包括文本、图片、音频、视频等非结构化的数据，那是否要分别建立文本库、图片库、音频库或视频库呢？从管理和成本的角度看，这并不是最佳的选择，除非出版企业内容资源本身的形式就比较单一。建立统一的存储库是管理出版企业所有数字化内容资源的有效方式。

一个良好的存储库应具备以下特点：

①可以存储任意格式的数据。以满足出版资源文件格式多样性的需求。

②可以存储海量的数据。出版资源一般是非结构化的数据，具有数据量大的特点，需占用大量的系统资源。

③可以自由扩展存储库类型。例如，出版企业已经建立了文本存储库，由于不断发展，积累了大量的图片资源，也需要进行存储，因此，可以在系统自由扩充一个图片存储库，而无须额外的投资。

④可以存储内容之间的动态链接、相互引用关系，并可以根据内容的变动自动刷新。

⑤可以使内容资源方便地入库和出库。

⑥可以灵活配置存储规则。不同的内容对象存储在各自的路径下，对拆分的内容单元，能够自动识别存储路径，无须人工干预。

⑦可以保证存储内容资源的完整性和一致性。

5.2.2　检索管理

检索是在内容资源管理平台上高效工作所需要的关键工具。内容资源库存储的信息是海量的，如果没有高效的检索工具或管理方法，使用内容资源管理平台将会变得非常困难，内容资源管理的价值也将得不到体现。在内容资源库中进行检索，一般有以下几种方式。

（1）全文检索

在内容资源管理系统中，通过检索资源的元数据和内容数据，优先列出最符合检索条件的资源。全文检索支持按照不同的标签进行排序，可以通过不同组合条件进行组合查询。

（2）元数据检索

元数据是知识管理的重要手段，也是业务人员知识积累和经验的体现。在“数字化生产”一章中，我们提到，从系统上，将元数据分为业务元数据和技术元数据；从对象上，将元数据分为内容元数据和文档元数据。元数据在资产增值、业务创新上发挥着重要作用，同样，其在检索领域也发挥重要作用。按元数据进行检索，搜索引擎仅扫描文件和内容的元数据就可实现检索，可以规避搜索引擎扫描文件的所有文本信息，大大提高检索的效率。元数据检索是对实现图片、音频、视频等非文本文件检索的最有效的检索方式。

（3）存储路径检索

按存储路径检索可以不断缩小检索的范围，提高检索的效率，是最原始的检索方式。

实际应用中，内容资源管理系统往往会结合以上几种方式来提高检索效率。

5.2.3 协同编撰管理

协同编撰管理是一个比较新的概念，它是指出版企业的数字编辑和其他人员在内容创作过程中协同工作的模式。

协同编撰的特点：

①同一个任务需要多人共同完成。例如，一本考试教材可以按照题型进行分工，语法部分、阅读部分、写作部分等都分别由相关编辑负责，每个人负责一部分。

②不同的任务由不同的人员完成。例如，业务编辑负责内容的创作，样式和排版人员负责样式和排版的设计。

③不同业务领域的人发挥各自的特长，不同业务角色承担不同的责任。在提高内容质量的同时提高工作效率。但是也要防止因工作性质比较单一而带来的枯燥。在进行协同编撰工作方式时，也会遇到一些阻力。产生这

些阻力的主要原因是新的工作方式对员工利益、工作习惯产生了重要的影响。

协同编撰需要满足以下要求：

①对员工进行培训，帮助员工适应数字化的工作方式，以及熟练使用工具。

②编辑环境和内容资源库连接，能够顺利实现从库中检入、检出数据。

③定义好人员的角色和权限。人员之间不存在干扰，相当于虚拟的工作卡位。

④必须在同一个业务规范下进行协同编辑，以进行数据的共享和交换。

5.2.4　工作流程管理

内容资源管理的数字化，不仅体现在内容的数字化，而且还体现在管理方式的数字化。通过数字化的工作流程管理，计算机系统能够帮助出版企业自动实现业务的流转，不必花费大量时间去做工作的协调。

工作流管理具有以下特点：

①工作流转不仅仅是传递信息和任务，还需要将内容、人员、系统有机地集合起来，简单地说，当一个工作人员接收到一个任务信息后，他能够明确任务的内容对象，并可通过系统上的工具完成相应的工作。

②工作流程管理要有很强的适应性，管理人员可以根据业务流程、人员角色等的变动自由修改流程。

③能够对流程进行监控，当流程出现问题的时候能够及时通知管理人员。

5.2.5　元数据管理

元数据是内容资源管理系统中重要而又关键性的数据，也是内容资源管理系统实现内容资源和知识有效管理的基础数据环境。

内容资源管理系统在元数据管理上应具有以下功能特点：

①能提取元数据。从对象上分，元数据存在于内容和文档中，内容资源管理的直接对象就是内容和文档，系统必须能够提取这些元数据信息。

②能够生成新的元数据或添加新的元数据。在用户上传内容资源时，系统自动生成一些元数据，例如，人员、时间、版本、大小、使用次数等。另

外，也可以根据需求添加一些新的元数据，例如，添加新的内容资源类别等。

5.2.6 存储粒度管理

文档存储的粒度，是指文档存储的最小信息单元。例如，一本书包含篇、章、节，那么可以存储的最小粒度是节，每一个节都是一个可以进行存储的信息单元。但是这些信息单元不是孤立的，它可能被多个出版物引用，因此，它包含了和整书之间的引用关系，从而保证整个出版物的完整性。

定义存储粒度的原则主要考虑以下两个方面的问题：

①生产管理工作的需要。比如说，一个出版物可能需要一个团队来协同工作，不同的人员负责不同的部分，这时可以按照篇、章、节来进行内容的拆分。如果不需要分工，则可以不用拆分。

②内容资源重复使用的价值。例如，一个出版物中包含了大量的案例，这些案例可能被多次引用。那么，可以先将这些案例“择”出来，然后以单个案例为粒度进行存储。按照内容资源重复使用的价值进行拆分，可以非常方便地帮助出版企业建立起知识库、图片库、题库、词库等，并可以轻松对库进行分类。往往专业类出版物的内容更具有重复使用的价值，比如，词库可以分为初级词库、中级词库、高级词库。但也并不是所有的专业出版物都需要拆分。

采用XML技术来处理出版内容资源，可以使管理人员非常方便地对内容资源进行拆分和管理。其原理是，根据XML文件节点中的标签，或者标签中的属性进行操作。在进行拆分管理时，一个好的管理系统，往往是通过配置文件来定义存储粒度和存储路径。然后系统通过配置文件的指令来自动完成拆分和存储工作。

5.2.7 版本管理

版本管理是出版企业重要的内容资源管理需求。在编辑、创作、设计过程中，往往要记录每一环节所做的修改和调整。例如，一本书可能有多个修订版本，而最初的版本也具有很高的保存价值。

版本管理不仅是业务的需求，也是技术管理的需求。非结构化的数据往往占用较大的资源，如果一个出版物的每一次调整和修改都要以一个完整的文档进行存储，那无疑将耗费很大的数据存储资源。版本管理往往是以一种增量记录的方式进行管理，也就是说存储的是修改、添加和删除的部分，以及修改、添加和删除部分和上一个版本的时间关系。这样就可以成倍地节省数据存储资源，降低数据存储成本。

5.2.8　权限角色管理

内容资源管理系统需要提供有效的权限、角色安全管理机制。不同工作岗位人员的工作职责不一样，系统要能够配置和定义角色，设定不同的权限。例如，什么人可以创建存储实例，什么人可以上传文件，什么人可以修改文件、可以修改哪些文件，什么人可以浏览文件，什么人可以删除文件等。

5.2.9　统计分析

内容资源具有可重用性，这就要求系统能够对已重用的对象进行详细的分析。一个内容碎片被引用过多少次，被哪些产品引用过，在什么时候引用过等，通过分析以避免造成重复、雷同，帮助提高出版物的质量。

5.3　内容资源库建设流程

内容资源库建设流程不是指 IT 系统的建设过程，而是指出版企业在系统管理平台搭建好之后，在平台上进行的业务梳理、组织结构设计、流程再造等，将需求翻译成计算机系统可以识别和操作的规则、流程。

内容资源库建设需要厘清以下问题：

①首先要理清出版物的结构。出版物有哪些构成要素，有什么样的属性和元数据？

②怎么定义内容碎片，以什么样的粒度去拆分？

③以什么样的文档形式进行存储？

④内容怎样分类，怎样存储？

⑤由什么样的人员去调用，人员的权限和角色是什么？

⑥以什么样的流程来驱动数字出版的每个环节？

5.3.1 需求置入阶段

(1) 设计出版业务规范

文档类型定义（Document Type Definition，DTD）是所有内容资源的“骨架”。DTD 的设计依据行业规范和业务需要，是内容资源管理的规范和依据。需要指出的是，DTD 本身并不是业务规范，而是业务规范得以实现的技术手段，通常需要出版企业业务人员作为业务指导提出，由技术人员加以实现。DTD 的设计通常是树形结构，描述各类数据包含的内容片段及之间的关系（也就是元数据）。图 5-1 所示为某类出版物的 DTD 定义界面。

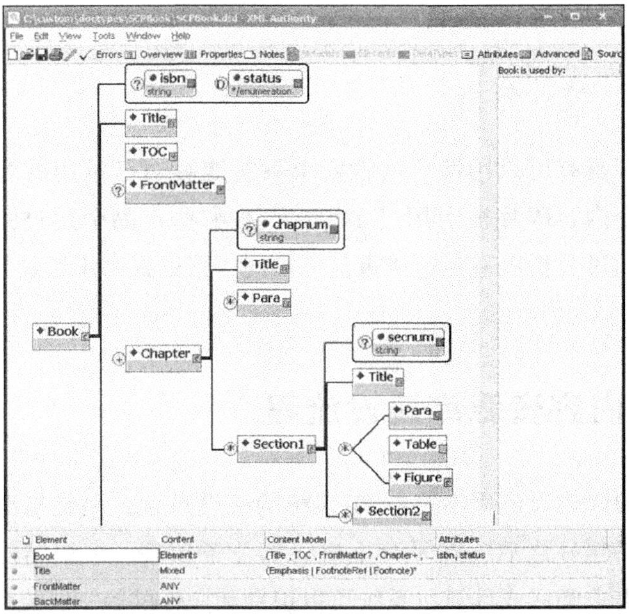

图 5-1 某类出版物的 DTD 定义界面

内容碎片对象和业务元数据的复杂程度决定了文档类型定义的难度。一类图书可以定义一套文档类型，出版企业可以根据业务需要定义一套或多套文档类型。

(2) 设置系统组织结构

这里所说的组织结构，不是指出版企业的行政组织结构，而是指与内容资源创作、修改、审核、校对、存取、发布、浏览、阅读等环节有关的团队、人员角色及权限控制机制。通过工作团队、角色和权限的设定，将业务人员映射到平台角色上，每个角色都对特定内容资源拥有一定的操作权利，以此来保证团队协同和信息共享过程中正确的内容资源访问控制。

（3）设置工作流

内容资源的生命周期不同阶段的转变是由工作流触发的，通过工作流设置工具，可以设定流程节点及状态迁移规则，系统会自动按设定的流程完成工作流转，通过系统界面或邮件方式实现任务列表和待办催办通知。图 5-2 为工作流设置示例。

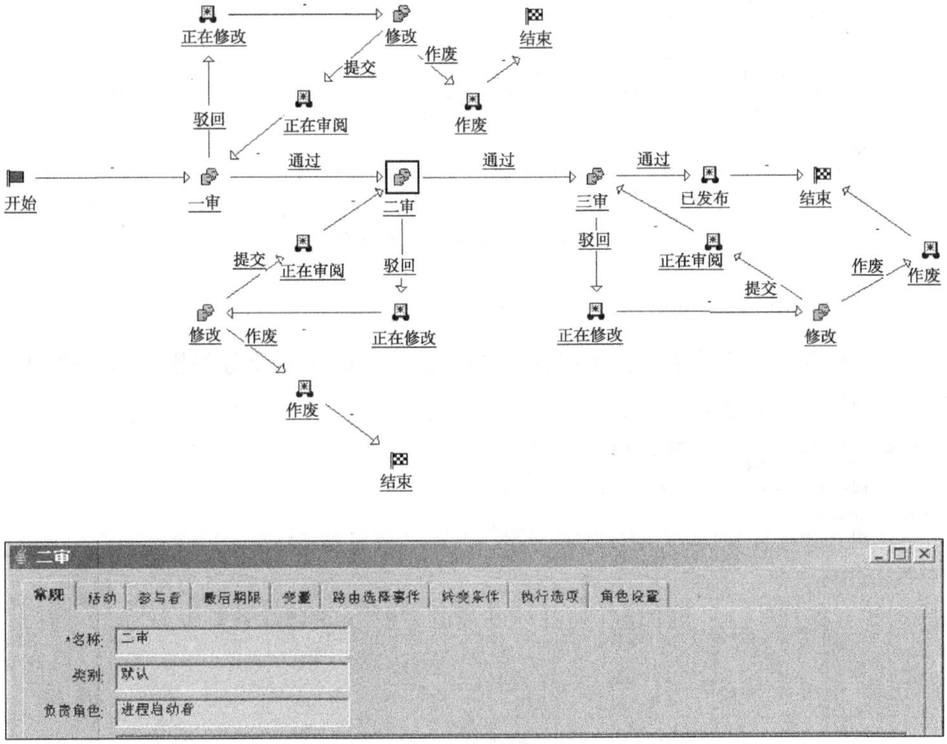

图 5-2　工作流设置示例

（4）设计拆分规则

由 DTD 定义的内容对象，可在实际使用中实现内容重用和内容动态组装，以满足个性化发布的需求。其实现机制由拆分规则文件提供，拆分规则文件中限定了内容被分割和单独存储的最小内容单元，如一本书中的每个章节、表格、图片、公式等均可以作为独立存储的内容单元，这些内容单元都可以在后期被单独引用。需要特别指出的是，内容单元的划分应根据业务需要合理设定，并不是划分得越细越好。图 5-3 所示为一个拆分规则文件示例。

```
-<burstspec>
 -<boundaryspec fileent="on" graphics="on">
    <element name="Chapter" objecttype="xinclude"/>
    <element name="Section1" objecttype="xinclude"/>
    <element name="Figure" objecttype="xinclude"/>
    <element name="Graphic" objecttype="xinclude"/>
    <?Pub Caret?>
    <element name="Table" objecttype="xinclude"/>
  </boundaryspec>
 -<createarg>
  -<namecriteria>
     <namerule elementname="Book" nameexpression="concat('(', name(), ')', Title)" rule="xpath"/>
     <namerule elementname="Chapter" nameexpression="concat('(', name(), ')', Title)" rule="xpath
     <namerule elementname="Section1" nameexpression="concat('(', name(), ')', Title)" rule="xpat
     <namerule elementname="Table" nameexpression="concat('(', name(), ')', Caption)" rule="xpath
     <namerule elementname="Figure" nameexpression="concat('(', name(), ')', Title)" rule="xpath"
     <namerule rule="element-name"/>
   </namecriteria>
  -<dmsobjtype>
     <typerule elementname="Book" targettype="wt.epm.EPMDocument|cn.com.DynamicDocument|cn.com.SCP
```

图 5-3 拆分规则文件示例

（5）设置存储规则

在内容资源管理系统，可以灵活依据业务需要（如业务类别、数据类型）来划分内容的存储结构，如图 5-4 所示为依照学科来进行划分的存储结构。

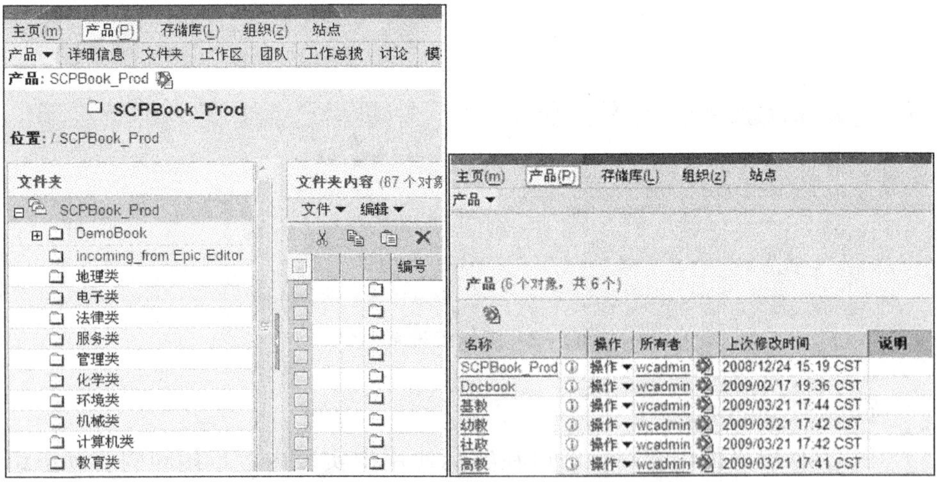

图 5-4 内容资源管理系统中内容的存储结构

每一类内容资源在系统中可视为一个产品，每个产品下包含了具体隶属于该产品的某本书的所有内容。这样可以更加有效地便于检索。以词库为例，可以建立如表 5-1 所示的产品库。

表 5-1　以词库建立的产品库

序号	产品库	序号	产品库
1	小学生词库	5	计算机专业词库
2	中学生词库	6	法律专业词库
3	大学词库	7	其他
4	考试词库		

5.3.2　内容的编辑加工

（1）数字化编辑加工

利用数字化编辑器，可以直接进行内容创作，也可以浏览或修改已创建和入库的内容资源，同时可以根据需要从内容资源库中选择所需内容单元加入新的出版物中，实现内容重用。图 5-5 所示为某内容编辑工具示例。

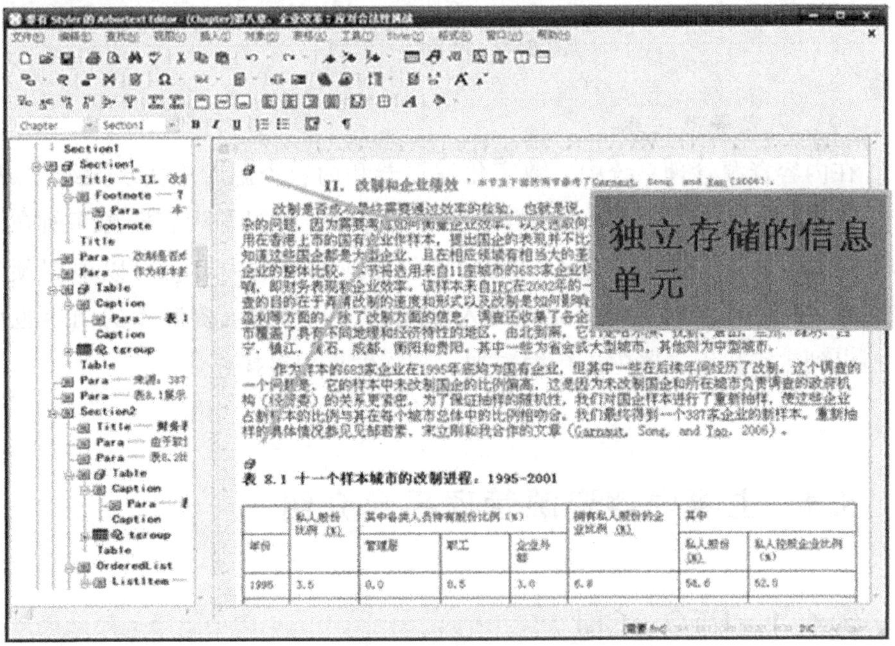

图 5-5　内容编辑示例

在数字化编辑加工中，数字编辑人员的工作核心就是添加标引。图 5-6 所示为数字编辑人员进行内容标引的工作界面。

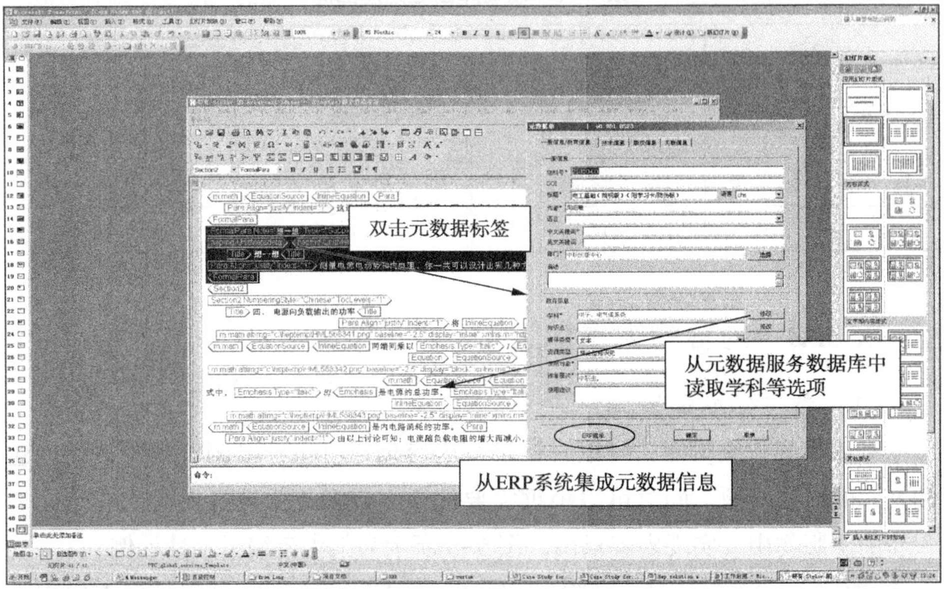

图 5-6　内容标引示例

（2） 内容资源入库

在内容资源管理系统中，数字化编辑器和内容资源库应实现无缝集成。如图 5-7 所示为 PTC ACM 的内容资源入库界面，通过与内容资源库所在的服务器建立连接，在数字化编辑器中新创作或修改的内容就可以根据预先定义好的拆分和存储规则完成即时入库操作。同样内容资源库的内容也可以检出到数字化编辑器中进行编辑加工和深度标引等操作。

5.4　主要内容资源管理平台介绍

5.4.1　PTC ACM

前文介绍的内容加工和管理技术均基于 PTC ACM 平台。美国参数技术公司（ParametricTechnologyCorporation，PTC）的 Arbortext Content Manager

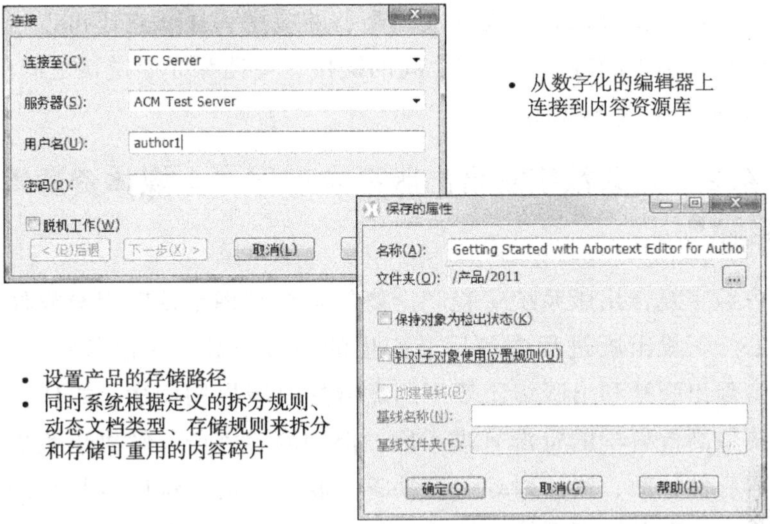

图 5-7　PTC ACM 内容资源入库界面

(一款 XML 和 SGML 文档创建编辑与管理的软件) 基于先进、成熟的技术，能自动将用 Arbortext 创作的 XML 文档“拆分”为文档数据单元，以供重用和动态组合。这些文档数据单元受到 Arbortext Content Manager 强大的配置管理和工作流功能的控制——受驱动的过程自动化。

PTC ACM 的主要功能有：

①协作。利用它基于 Web 的体系结构支持分散在各地的团队之间的协作。

②动态内容。管理多种类型的内容，包括文本、图形、插图、链接和多媒体对象。

③工作流功能。使用户能轻松为特定的各业务需求建立流程模型。

④动态发布。PTC ACM 和 Arbortext Publishing Engine (发布引擎) 可进行整体链接和无缝集成。Arbortext Publishing Engine 是一种基于服务器的系统，它从内容管理系统或文件系统中提取出 XML 和 SGML 内容，为不同的受众组合该内容，并自动以印刷或电子形式发布内容 (具有高质量的排版和格式设置)。Arbortext Publishing Engine 还使出版物的编辑具备组合文件和文件夹的功能，以便发布到多种类型的数字介质上和 Web 应用程序中。用户可使用任何通用的 Web 浏览器访问数字介质上的内容。产生的数字介

质可以支持包含多种语言、卷和文档类型的应用程序。它还可以帮助作者创建和管理文档中的链接、文档之间的链接、文档和介质链接之间的引用，以及直接来自 Web 的链接。

5.4.2 国家数字复合出版系统工程“全媒体资源管理系统”❶

国家数字复合出版系统工程“全媒体资源管理系统”以全媒体资源为管理核心，汇集出版过程中各环节产生的内容资源，为出版社、期刊社、报社、音像出版社和出版集团等不同类型的出版机构构建全媒体资源管理体系，提供高效科学的资源管理手段，保护内容资产，解决出版机构面临资源内容存储分散、资源对象之间缺乏关联性、资源难以重复利用等诸多问题。全媒体资源管理系统总体架构如图 5-8 所示，其主要功能有以下几个方面。

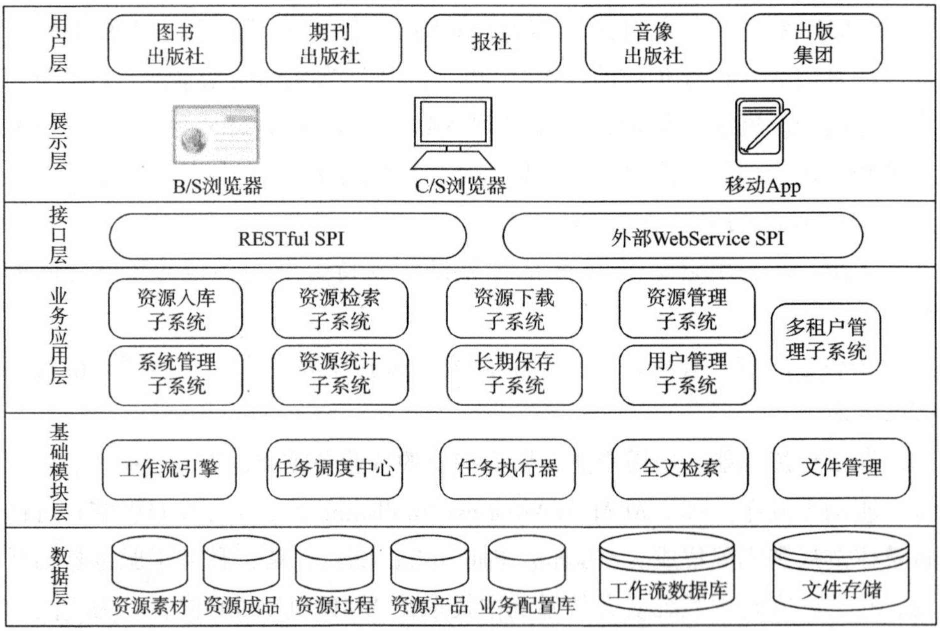

图 5-8 全媒体资源管理系统总体架构

❶ 国家新闻出版广电总局新闻出版重大科技工程项目领导小组办公室. 国家数字复合出版系统工程研发内容汇编［C］. 2017.

（1）资源库建立

资源入库子系统提供图书、报纸、期刊、音像制品、电子出版物、网络出版物等相关的素材资源、过程资源、成品资源和产品资源的统一入库功能。支持资源库及元数据的个性化定制；支持系统对接及人工入库两种方式，支持单个资源入库及批量资源入库；支持资源元数据编辑；支持音视频多级编目；支持图片自动抽图、音视频自动转码、结构化资源的拆分入库及关联维护。

（2）资源检索利用

资源检索负责检索全媒体资源管理系统内的各类结构化、非结构化资源并下载利用。支持图像检索、音视频检索等多媒体内容检索。

（3）资源管理

资源管理子系统主要是对已审核入库的资源进行有效的管理。包括查找资源、发布资源、取消发布、删除资源、资源编辑及资源回收站等功能。资源长期保存支持在线、近线和离线的资源管理方式，支持资源的双备份及多备份，并提供对备份文件的定期检查功能。

（4）资源统计

资源统计包括资源总量统计、资源分类统计、资源入库统计、资源浏览统计、资源下载统计、工作量统计等丰富的统计分析功能，支持统计结果以报表方式进行导出。

（5）系统管理

系统使用前必须对资源库进行配置，以满足不同出版企业的业务需求。系统工作流引擎可以帮助用户实现入库流程、下载流程、发布流程的配置，同时系统提供分类管理、受控词管理、元数据管理、存储管理、工作流管理、策略管理、加密管理、日志管理等一系列管理功能。系统用户权限管理，可以实现不同粒度资源、不同角色用户、不同访问操作的交叉权限设置。

5.4.3　方正智汇数字资源管理系统

系统实现了全媒体资源的科学有序管理，包括资源的采集、加工、存储、转换、发布、检索等。系统采用了海量资源存储技术、多格式转换技术、多媒体处理技术、大文件数据采集技术、自动知识标引技术、分布式全文检索技术等核心技术。系统支持结构化数据、非结构化数据混合存储方式，支持分布式存储，支持 docbook、jats 等 XML 内容标准，支持自定义数据库，支持全媒体资源存储管理。系统提供快速高效的资源访问功能，提供资源的统一存储、管理功能，提供知识片段级管理和权限控制功能。系统体系结构如图 5-9 所示。

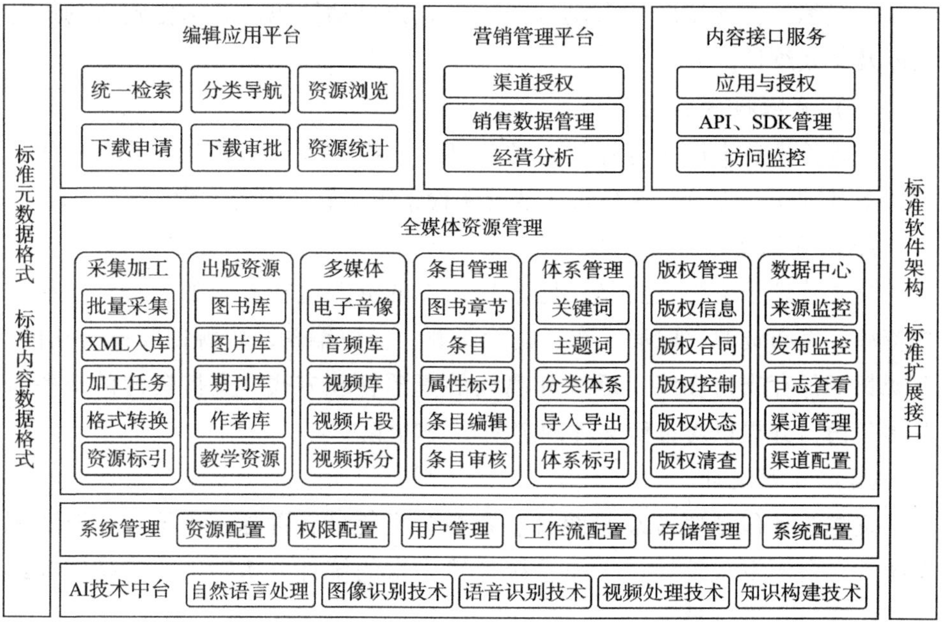

图 5-9　方正智汇数字资源管理系统体系结构❶

在智能知识标引方面，系统基于自然语言处理技术、图像识别技术、音视频特征提取技术，支持自动提取文本摘要，支持自动标引关键词、主题词和分类，支持图片自动打标签，支持音频文件提取及自动打标签，支持视频字幕自动提取及自动打标签。

在出版内容资源管理方面，支持图书、期刊等各类资源的统一存储和管理，支持"一书一档"。图书资源管理既包括基本信息、辅文信息，也包括图书的封面、插图、排版文件、印刷文件、电子书文件、全文 XML 文件等数据。期刊资源以刊物为类别，以期刊为单元对期刊的刊物信息、刊期

---

❶ 图片源自方正智慧出版解决方案（宣传册）。

信息、刊期封面、稿件元数据和全文信息进行统一管理，支持按照刊期进行刊出目录导航。

在媒资管理方面，支持音频、视频资源的存储和管理，支持音视频特征信息的自动提取，文件入库后，系统自动对音频进行格式和码率转换，转换为适合在线播放的格式和码率。

在知识管理方面，支持对知识资源进行管理，支持自定义知识分类、知识体系，支持自动提取知识条目。系统提供可视化的知识条目编辑工具，对入库知识条目进行编辑和标引。

系统不仅为出版企业编辑、发行人员、美编等提供资源检索、浏览和下载服务，同时为电子书授权提供版权登记、版权授权、版权预警、授权情况分析一体化解决方案。

5.4.4　TRS 内容管理系统

TRS（北京拓尔思信息技术股份有限公司）内容管理系统，即 TRS WCM 提供对内容价值链的全面管理，覆盖内容采集、内容创建、内容存储、内容传递和内容发布各个环节，并集成了 TRS 近年投入研发的内容挖掘及知识管理最新技术成果，构建成知识管理的核心基础设施。TRS WCM 是一款面向政府、媒体和企业等行业用户的内容管理平台，支持在云计算架构上进行集群化部署，并且支持内容管理云服务模式，为不同的、多级组织机构提供内容丰富、形式多样、可扩展的内容管理云服务，具有可与社交媒体融合、一次采编/多渠道发布、碎片化发布、可视化专题制作、富媒体内容管理等功能特点。自 2002 年 TRS WCM 发布至今，已为 4000 多个政府、媒体和企业客户提供服务，成为拓尔思的明星产品。

TRS WCM 具有高性能发布引擎，支持碎片化发布。高效的发布引擎，不仅能对发布过程中的数据集进行缓冲，而且能够智能分析数据之间的关联并进行触发更新。发布引擎支持碎片化模板管理，可将传统网站页面模板拆分为多个小的碎片模板，碎片模板支持在多个页面之间进行复用。

TRS WCM 可与社交媒体融合。支持一站式多微博账号统一管理；可对微博的运营状况进行分析；支持官微互动效果、粉丝质量、粉丝分布及关联关系等分析；可分析话题事件、意见领袖，事件之间的潜在联系，精准把握热点事件的发展方向及舆论走向。

TRS WCM 支持移动门户，一次采编、多渠道发布。支持快速搭建移动门户功能，支持 iOS、Android 等主流平台，支持平板和手机两种终端。用户只需进行一次采编，即可以完成 PC、手机、平板等多种渠道的统一发布；终端展现可以在内容管理后台灵活定义；支持离线阅读和推送功能。

TRS WCM 支持可视化专题制作。可将复杂的撰写模板的过程转化成“可视化”过程，网站编辑以“所见即所得”的方式进行网站页面的设计，通过拖拽及修改属性的方式完成页面制作，不存在技术门槛，满足了当今社会对信息快速发布及更新的要求。

TRS WCM 具有强大的富媒体内容管理功能。具有文本库、图片库、视频库三大富媒体内容处理模块，既能够根据内容各自的特点进行专业管理，又实现了各内容管理模式与操作风格的统一。[1]

5.5 内容管理系统的发展趋势

随着 5G、云计算、大数据、人工智能、物联网、区块链等信息技术快速发展，万物互联、万物皆媒和媒体融合发展的趋势越来越明显。为适应媒体深度融合发展，内容和技术相互驱动、高度融合，内容管理将向着平台化、知识化、智能化等方向发展。

5.5.1 内容管理平台化

内容管理的平台化是指基于互联网思维，建设以内容资源为核心，实现内容资源管理与企业数字化生产全流程无缝对接和深度融合的融媒体智能生产与传播服务平台化。帮助企业实现从读者到用户、从流程到数据、从单一到融合、从封闭到开放等方面的变革，支持企业出版流程再造，支持企业从历史和海量内容资源中提供知识服务来辅助企业创作更有价值的原创内容，支持企业通过智能画像内容推荐重构用户连接体系，让内容创作与用户个性化需求之间建立匹配。帮助企业通过“互联网+”实现内容产

---

[1] TRS WCM 内容管理系统［EB/OL］.（2022-08-19）［2022-10-25］. http://www.trs.com.cn/cphfw/WCM/.

品的多形态发展和立体化传播与服务的多样化扩展。

5.5.2　内容管理知识化

内容管理的知识化是指基于领域知识体系对内容资源进行碎片化加工，通过碎片化加工之后形成独立的知识条目，再利用知识标引工具对每个独立的知识条目进行加工和标引。碎片化之后的知识条目可作为全新的独立的知识单元进行展示，知识条目之间通过关联、超链接、引用等方式形成知识网络和知识化的资源库。内容管理知识化是企业快速生产知识服务产品和发展知识服务的关键。

5.5.3　内容管理智能化

内容管理智能化是指内容管理系统基于大数据、云计算、人工智能、机器学习、语义分析、数据挖掘等技术，实现内容智能推送、内容智能画像、智能分析、智能问答、知识图谱构建、智能检索、生成分析报告或解决方案等功能，以满足用户个性化需求或为用户提供辅助决策支持等。

5.6　出版业典型知识服务平台介绍

5.6.1　“法信”平台

“法信”平台是由人民法院出版社建设运营的国家级法律知识服务和案例大数据融合平台。“法信”平台以为法治中国提供基础性、数字化权威、精准的法律知识服务为目标，组织上百人专业团队和审判专家，历时 5 年搭建了中国最大的法律知识体系——“法信大纲”。“法信大纲”是以我国成文法律体系为“纲”，以法律文件、案由罪名、裁判规则中提炼、概括出的基本法律纠纷点、关系点为“目”，结构化、系统化标注、串联、聚类法律条文、案例、法律观点等海量法律知识元，具有逻辑性、体系性、推演性，为用户定位、推荐权威、精准、统一知识服务的法律知识体系。“法信大纲”是目前国内规模最大（法律分类条目达到 17 万条）、体系最全（我国七大部门基本法全部搭建）、覆盖最广（1364 个案由罪名全部细分）、分层最深（分类层级最深达到20层）和串联最多（串联知识元达32万）的法律知识体系。“法信大纲”基于知识导航体系，汇聚了海量的各类法律实务版权文献和案例数据资源（总文献数达1.24亿篇，总字数达1600亿字），通过知识标引、关联、超链、注释、引用等方法对法律知识进行了深度加工和“碎片化”处理，构建了包含16个一级库（7个基础库，9个专题库）和60个字库的法律知识资源库，16个一级库包括法律文件库、法律观点库、裁判规则库、法条释义库、法律图书库、类案检索库、法学期刊库、法律文书库、高法公报库、国家标准库、知识产权库、民法典专库、刑法专库、天同码专库、海事司法案例库、疫情防控法律数据库。其中6个核心资源一级库的资源情况如图5-10所示。

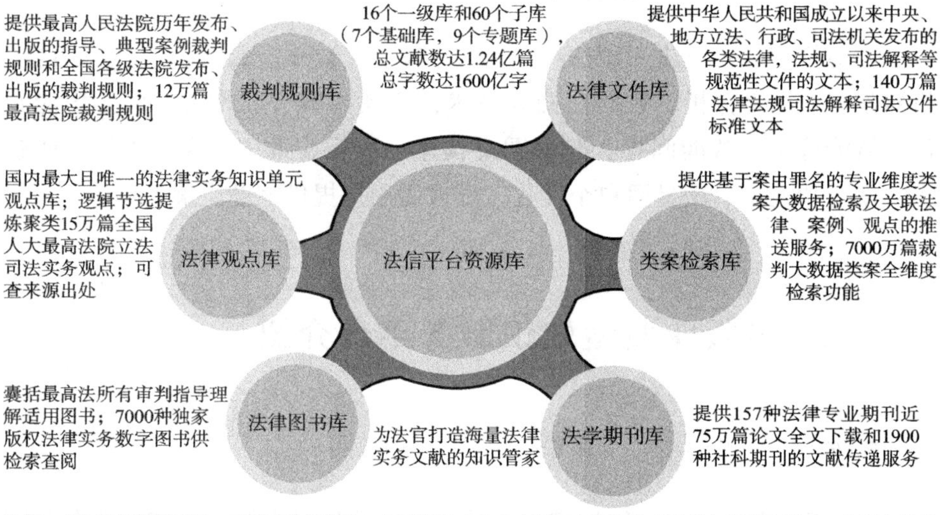

法信：在法律知识体系化、法律数据智能化、知识服务中台化方面确立了领先的法律知识服务模式，为用户提供全面、精准、高效的一站式法律知识解决方案和案例大数据智推服务。

图5-10　法信平台资源库（16个一级库中的6个核心库资源情况）

“法信”平台的四大核心功能包括独家的法律知识和案例导航体系及一站式法律知识解决方案、法律条文的全维度知识服务、基于机器学习和人工智能算法的全案由“类案检索”与“同案智推”系统和法信智能问答系统。

（1）独家的法律知识和案例导航体系及一站式法律知识解决方案

“法信”平台基于“法信大纲”知识导航体系，通过关键词通用检索方法之外提供的专业知识体系检索路径和知识体系精准串联的知识元，实现了为法律职业群体提供“一站式”法律专业知识解决方案的功能。

(2) 法律条文的全维度知识服务

“法信”平台提供基于法律条文的全维度知识服务和大数据分析功能。该功能能够围绕一个重点法条为法律实务人员适用法律条文、法律研究人员进行理论研究和实证分析提供全面、深入的知识匹配服务。

(3) 基于机器学习和人工智能算法的全案由“类案检索”与“同案智推”系统

“法信”平台将国内领先的机器学习、人工智能算法与法律知识体系(图谱)相结合，推出“类案检索”“同案智推”两个大数据引擎。“类案检索”引擎通过底层案件事实、法律知识、司法实务三套大数据维度体系，对海量案例和最高法院八大类权威案例要旨及地方参阅案例标记了 15.3 万颗粒的案件画像维度，为法律人快速检索相似案例提供精准推送，并同步推送法信码法律知识解决方案，是目前国内唯一提供全案由类案画像且案情维度和特征数量最多的大数据引擎。

(4) 法信智能问答系统

“法信”平台的智能问答系统是目前唯一可对全类型法律资源（包含问答对在内的全量法律、案例、图书、期刊等）进行问答式检索的法律问答系统，也是目前国内法律问答系统中包含标准问答对数量最多（25 万对）的法律问答系统。法信智能问答系统同时采用标准问答和专业语义识别两种底层技术，所有解答均从权威来源信息中摘编引用，并且独家提供答案出处的索引标注和法律依据效力提示。

“法信”平台，在法律知识体系化、法律数据智能化、知识服务中台化方面确立了领先的法律知识服务模式，为用户提供全面、精准、高效的一站式法律知识解决方案和案例大数据智推服务。[1]

5.6.2 中国知识产权大数据与智慧服务平台

中国知识产权大数据与智慧服务平台（Inspiro）是由知识产权出版社有限责任公司开发建设的国内首个知识产权大数据应用服务专业平台。Inspiro 整合了全球及中国专利、商标、版权、地理标志、植物新品种、集成电路、

[1] 参见：https：//www. faxin. cn/html/about/about. aspx.

知识产权法律文书、标准、科技期刊和企业商情等知识产权大数据资源的创新情报平台。Inspiro 提供表格检索、专家检索、批量检索、可视化检索专利分析、预警、专利导航、自建库等功能。Inspiro 拥有自主知识产权的智能以图搜图技术，可以实现对外观设计专利、商标图形的图形直检、图文混合检索等。

Inspiro 中专利数据更新及时，检索便捷。中国数据每周更新两次，与国家知识产权局数据更新同步；每月更新 60 万余条数据，每年更新 700 万余条数据。系统提供多种检索模式，参与检索字段在 260 个以上，支持常用逻辑检索关系，为快速获取目标专利数据提供了便捷的通道。对外观专利实现了以图检图，使检索结果更加符合预期，极大地降低了人工筛选的工作量。

Inspiro 中商标数据覆盖全面，更新及时。商标数据包括 30 多个国家和组织的商标数据，检索项目多达 46 个，基本包括商标的所有属性信息。实现了图片检索，可以快速在海量商标图片中筛选出相似的商标数据。[1] Inspiro 体系结构如图 5-11 所示。

Inspiro 能够让用户从数以亿计的全球知识产权数据资源中方便、准确地获取到最有用和最有价值的情报信息，从而帮助用户及时把握技术发展最前沿信息、提高创新起点和有效防范知识产权风险。[2]

---

[1] 参见 Inspiro 产品简介：http://www.zldsj.com/.

[2] 中国知识产权大数据与智慧服务系统［EB/OL］.（2016-05-19）［2022-10-25］. https://baike.baidu.com/item/中国知识产权大数据与智慧服务系统/19679884?fr=Aladdin.

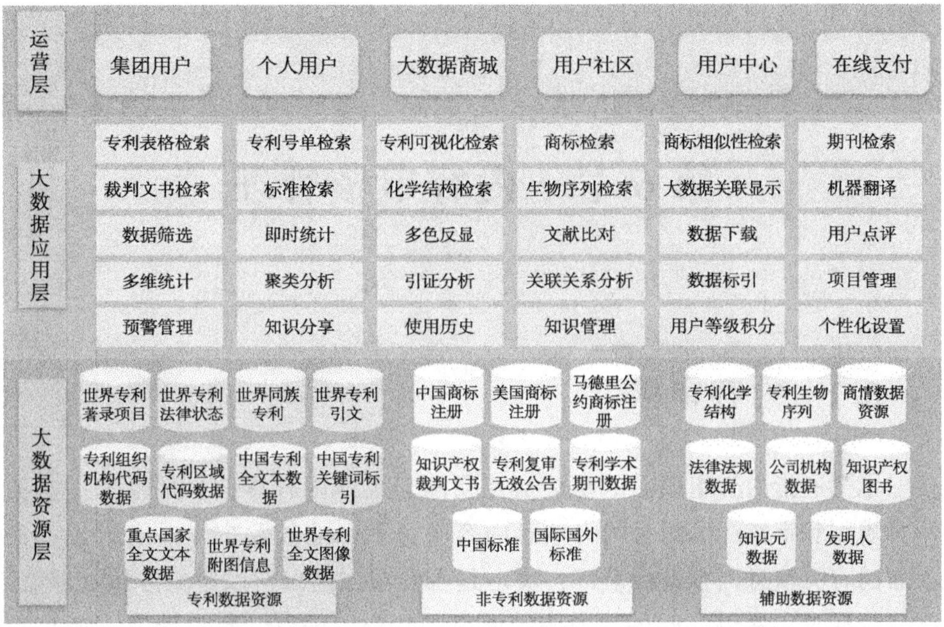

图 5-11　中国知识产权大数据与智慧服务平台体系结构❶

❶ 林松涛. 大数据推进新闻出版业转型升级的应用［Z］. 2017.

第 6 章　内容审核管理

6.1　内容审核

本书所指内容审核，主要是指互联网新媒体内容审核，是指依据有关审核规则和审核标准，对网络信息内容服务平台准备发布（播出）或已经发布的有关信息内容进行审读，决定是否发布或播出，以避免涉黄、涉赌、涉毒、涉独、暴恐、低俗、虚假、谣言、涉密、侵权、邪教迷信、危害社会稳定、破坏民族团结、损害国家荣誉、损害军队和英雄人物形象等违法、违规、不良、不宜信息传播，从而保障网络信息内容服务平台内容安全。审核的内容形态包括文本、图片、音频、视频、动画、漫画、评论、头像、弹幕、直播、账号、VR/AR 视频等。

目前互联网新媒体内容审核方式主要有“机器审核（AI 审核）”和“人工审核”。按审核的内容形态分又可分为文本审核、图片审核、音频审核、视频审核、直播审核等。

机器审核（AI 审核），通常是指内容生产商引入人工智能技术，从事安全审核工作，针对文本、图像、语音、视频等各类型内容，从多重维度识别和计算，为内容把关，确保守住底线，不碰红线。机器审核是按照制定好的规则（如关键字库、敏感词库、敏感图片库）或机器学习算法对内容进行审核。

人工审核：审核人员根据审核规则和审核流程及有关审核标准对信息内容平台发布的有关信息内容亲自进行阅读和审查，以判定其是否宜于发布。

目前，国内许多企业如数美、百度、阿里、易盾、华为等，据宣传其机审系统均是基于深度学习，机审准确率达 99% 以上。其实，机审准确率可以从两个角度计算：一是 AI 标注的结果正确部分占全部标注内容的比例，二是经 AI 筛查，未标注内容的正确部分占全部未标注内容的比例。如果按第二种方法计算，即 AI 未标注内容中的正确部分占全部未标注内容的比例，则目前成熟的机审系统准确率可达 99% 以上。如果按第一种方法计算，即 AI 对文字中的敏感词或违规内容标注，其标注结果正确部分占全部标注内容比例在 70% 左右。

AI 筛查，漏审率非常低，但误标注率较高。其根本原因是 AI 标注是基于大量敏感词、敏感图片组成的样本库对文本及图片进行对比过滤，而不是基于语义分析、背景及场景分析的审核，因此存在照抄样本的现象，存在很强的机械性。

6.2　传统媒体与互联网新媒体内容审核的区别

书、报刊、音像等传统媒体的内容审核由编辑把关，一直遵循“三审三校”制度，即产品至少经过三级审核、三次校对才能进入印制环节，出版周期长。传统书、报刊、音像媒体是“慢时代”的产物，其创作门槛高，成果产出不易，所以审核的基础量小。而互联网信息内容的发布除了对信息发布主体的许可或备案制度外，互联网信息内容的发布几乎没有事前审核监管机制的约束。互联网信息内容产品，创作门槛低，人人都可为创作主体，成果产出速度快、形态多样，所以信息审核的基础量大。而信息传播共享的要求不允许互联网信息的发布按照传统出版执行严格的“三审三校”流程及书号、版号审核模式来监管。[1]

当前，为保证互联网信息内容安全，政府部门赋予各网络信息内容服务平台监管职责，于是，互联网信息审核员代替了传统编辑角色，承担起互联网内容审核任务。互联网信息审核员与传统编辑的职责及功能有明显的区别。

传统编辑，是指以生产出版物的精神文化内容为目的，策划、组织、审读、选择和加工作品的一种专业性的精神生产活动。可见，编辑的职责包括策划、组织、审读、选择和加工。而互联网信息审核员的职责，则只

[1] 马颖．互联网信息发布内容审核的再认识［J］．科技传播，2022（3）：136-138.

有审读和选择。

传统编辑工作的基本功能，包括文化生产中的设计、组织功能，包括文化传播中的选择、引导功能，包括文化创造中的优化功能，尤其是优化功能，又包括帮助创作者开展创作、审读并修改优化作品等。而互联网信息审核员的功能只有一项：保证内容安全。编辑追求的是出版精品，目标是提升质量。互联网信息审核员追求的是安全，目标是保持底线。

个别互联网信息内容服务平台在利益的促动下，不停地迎合用户，在内容安全的底线边缘疯狂追求市场。这是导致互联网违法、违规、低俗、虚假、谣言、侵权等信息屡禁不止、屡打不绝的重要原因。

传统图书、报刊、音像的出版管理制度和“三审三校”内容审核流程由于繁杂、低效，已很难适应今天互联网的传播业务模式，但现有互联网内容的粗放式管理也难以解决平台内容审核的痛点、难点问题。因此，既要充分吸收传统出版管理的思维与精神来加强互联网信息内容的审核管理，同时也要转变观念、创新内容审核模式。应积极发展第三方内容审核服务，利用 AI、大数据等新技术来提高内容审核效率、降低审核成本，以保障互联网信息内容安全。

6.3 我国互联网内容审核管理现状

6.3.1 政府层面内容审核管理现状

为深入贯彻落实习近平总书记关于网络安全的一系列重要讲话精神，确保我国互联网行业的健康运行，一方面，国家先后出台了一系列法律、法规、规范性文件和政策文件，如《中华人民共和国网络安全法》《中华人民共和国数据安全法》《互联网新闻信息服务管理规定》《网络信息内容生态治理规定》《网络音视频信息服务管理规定》《关于进一步压实网站平台信息内容管理主体责任的意见》《网络短视频平台管理规范》《互联网直播服务管理规定》《网络视听节目内容审核通则》《网络短视频内容审核标准细则》《基于区块链的内容审核标准体系》等。这些文件为推进网络空间法治化建设和网络内容生态建设奠定了坚实的基础，为依法治网、依法办网、依法上网提供了明确可操作的制度遵循，为网络信息内容服务平台开展信息内容审核工作，健全信息内容审核机制，强化信息内容安全主体责任等提供了行动指南和规范性的工作指导，也为防范和化解各类网络信息安全风险发挥了重要作用。例如，2019 年 12 月 15 日，国家互联网信息办公室发布的《网络信息内容生态治理规定》强调，网络信息内容服务平台应当履行信息内容管理主体责任，加强本平台网络信息内容生态治理；网络信息内容服务平台应当建立网络信息内容生态治理机制，制定本平台网络信息内容生态治理细则，健全信息发布审核，跟帖评论审核，版面页面生态管理，实时巡查，应急处置和网络谣言、黑色产业链信息处置等制度。2019 年 1 月 9 日，中国网络视听节目服务协会发布的《网络短视频内容审核标准细则》明确规定了网络短视频不得出现的具体内容，进一步规范了短视频传播秩序。

另一方面，为加强互联网信息内容审核人才队伍建设，提高信息内容审核行业的审核能力和服务水平，2020 年 6 月，人力资源和社会保障部（以下简称“人社部”）增设了“互联网信息审核员”工种。中国电子学会联合有关单位编制并发布了《互联网内容审核职业技能等级标准》，该标准文件规定了互联网内容审核职业技能等级对应的工作领域、工作任务及技能要求，并依据不同技能要求分别设立初、中、高三大职业等级资格，以引导职业规范发展。同时政府有关部门会同中国电子学会、中国网络社会组织联合会等组织开展了互联网信息审核员的培训工作，每年不定期多次举办互联网信息审核员培训班，并对合格学员发放互联网信息审核员职业技能等级证书。“互联网信息审核员”工种的设定，是从国家层面对信息内容审核员工作的认同，也为信息内容审核员的职业晋升和发展铺平了道路，为信息内容审核行业的健康和有序发展提供了保障。

6.3.2　企业层面内容审核管理现状

在习近平总书记关于网络强国的重要思想指引下，近年来，国家互联网监管部门加强了互联网内容建设，深化了网络生态治理，采取持续严管高压态势，治理网络乱象。互联网信息内容服务平台开展了一系列自查自纠专项整治工作。通过健全和优化信息内容审核机制和审核业务模式，扩大了审核队伍规模，提升了审核人员的素质和审核技术水平，规范了信息内容审核与传播流程，提高了应用智能审核技术的审核效率，多措并举推动内容审核管理取得新进展。

（1）开展自查自纠专项整治行动，取得明显成效

《网络信息内容生态治理规定》正式施行后，各互联网信息内容服务平台按照国家网信办统一部署，开展自查自纠。一方面开展专项整治工作，清理各类违法和不良信息，处置违法违规账号。如腾讯主动开展“清风计划”，集中整治恶意营销、淫秽色情、网络暴力、恐怖惊悚、网络谣言等违法违规信息，拦截涉恶意营销文章 226.5 万篇，封停账号 2842 个；百度针对水军刷单、买卖公民信息等内容进行深入挖掘，清理拦截有害信息 588 万条，关闭贴吧 167 个；新浪微博严厉打击赌博诈骗等各类黑色产业链信息，主动拦截和清理相关信息约 1130 万条，接到网民和监督员巡查举报处置信息约 710 万条；今日头条针对色情低俗内容制定 400 余条审核规则，累计清理违法和不良信息 25.5 万条[1]；2021 年第四季度，抖音升级“饭圈乱象治理”，处罚违规账号 1.7 万个，处罚违规视频 2.5 万条，处罚违规吃播视频 16 458 个，封禁借热点事件恶意营销相关账号 126 个；2021 年 12 月，微信为落实关于“清朗 · 打击流量造假、黑公关、网络水军”专项行动的部署和要求，开展为期 2 个月的专项行动，将从严治理流量造假问题，进一步清理涉网络水军信息、账号；2021 年 10 月，快手对违规内容和账号进行专项治理，共处罚账号超 556 200 个。其中涉及“宠粉”诈骗账号超 30.81 万个，私单交易诈骗账号超 15.20 万个，冒充诈骗账号涉及 4770 个，刷单兼职诈骗账号超 9.12 万个；2021 年 10 月，B 站处理包含发布色情、低俗内容账号 2868 个，发布诈骗信息账号 5319 个，发布引战与人身攻击内容的账号 2889 个，发布血腥暴力、违法违禁等内容账号 1615 个，黑产账号 304 242 个。2021 年以来，小红书从严处理违规的内容和账号，累计处置笔记上万篇，封禁违规账号 7000 多个。以治理炫富为例，2021 年 5 月到 10 月，小红书累计处理炫富内容 8787 篇，处罚账号 240 个。[2]

（2）加强内容审核队伍建设，审核能力大幅提升

信息内容审核是网络信息内容生态建设的关键环节，互联网信息审核

[1] 《网络信息内容生态治理规定》施行以来网站平台自查自纠见成效［EB/OL］.（2020-06-29）［2022-10-26］. http://www.cac.gov.cn/2020-06/29/c_1594983545070661.htm.

[2] 新榜 . 2021 新媒体内容生态数据报告［R］. 2022.

员是内容安全审核的“把关人”，加强内容审核队伍建设是网络信息内容平台的重要任务，也是内容审核行业的核心需求。《网络短视频平台管理规范》明确提出，网络平台开展短视频服务，应当根据其业务规模，同步建立审核员队伍。审核员数量与上传和播出的短视频条数应当相匹配。

为贯彻落实《网络信息内容生态治理规定》各项要求，履行信息内容管理主体责任，培育积极健康、向上向善的网络文化，网络信息内容服务平台自《网络信息内容生态治理规定》实施以来，通过招聘、培训等措施强化内容审核队伍建设。目前，腾讯、阿里巴巴、百度、抖音、快手、今日头条、B 站、小红书等信息内容服务龙头企业都建设有强大的内容审核团队。据媒体介绍，目前今日头条的内容审核人员已超过 10 000 人[1]，快手内容审核人员超过 5000 人[2]；小红书内容审核员已超过 1000 人，B 站内容审核员超过 2400 人，字节跳动内容审核员已超过 2 万人。[3] 图 6-1 为根据智联招聘和前程无忧招聘网站发布的内容审核员招聘信息整理而成的内容审核员招聘人数排名前 10 位的城市。从招聘岗位来看，主要有内容审核、游戏审核、直播审核、小语种审核（包括印尼语、越南语、菲律宾语、马来西亚语和阿拉伯语）、英语审核、德语审核、电话审核、视频号安全审核、App 审核、版权审核、公众号内容审核、微信内容审核、网站内容审核、录音审核、小程序内容审核、微博内容审核、云音乐审核、QQ 音乐内容审核等。内容审核是招聘人数最多的岗位，其审核范围包括文本、图片、音视频和直播等内容。从招聘网站发布的信息看，内容审核员的市场需求量较大，同时也说明信息内容服务平台企业的审核队伍在不断加强。据媒体估计，目前我国互联网信息内容审核员总量已达 10 万人。[4]

---

[1] 段伟朵，郭兵．今日头条媒体合作总监：背后有 1 万人的内容审核团队［EB/OL］．（2018-05-25）［2022-09-08］．https：//baijiahao. baidu. com/s? id=1601430533730919553&wfr=spider&for=pc.

[2] 从 2000 人“扩军”到 5000 快手急招审核员［EB/OL］．（2018-04-06）［2022-09-08］．https：//www. guancha. cn/society/2018_ 04_ 06_ 452858. shtml.

[3] 倒在互联网大厂的网络鉴黄师［EB/OL］．（2022-02-18）［2022-09-08］．https：//www. 163. com/dy/article/H0GO2P4J0552DRUE. html.

[4] 月入上万的内容审核员，是进互联网大厂的捷径吗？［EB/OL］．（2022-05-19）［2022-10-26］．https：//cj. sina. com. cn/articles/view/5096324489/12fc3bd89019018rdf.

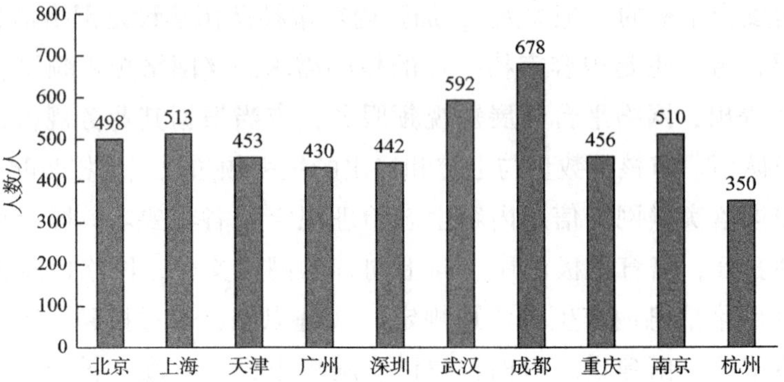

图 6-1　内容审核员招聘人数排名前 10 位的城市

为提高内容审核员的专业知识和审核能力，网络信息内容服务平台企业在扩大审核队伍规模的同时，还每年定期或不定期与行业组织或培训机构合作，为员工举办互联网信息审核员培训班。2021 年 10 月，中国网络组织社会联合会在西安为会员单位阿里巴巴集团公司举办了第七期“互联网信息审核员培训班”，阿里巴巴集团公司的内容审核人员 100 余人参加了此次培训。❶ 2022 年 8—10 月，国家广播电视总局广播影视人才交流中心计划为全国广播电视和网络视听内容审核员举办了三期“广播电视和网络视听内容审核岗位技能培训班”❷。

审核人才队伍规模的不断扩大和审核员素质的不断提高，大大提升了内容审核行业的审核能力和审核质量，从而为信息内容的生态建设提供了可靠保障。

（3）第三方信息内容审核服务快速增长

《网络信息内容生态治理规定》和《关于进一步压实网站平台信息内容管理主体责任的意见》就平台信息内容审核机制和审核队伍建设、压实平台信息内容管理主体责任、严格内容监管等方面提出了具体要求。面对日益严格的监管趋势，大型企业在技术应用和人才队伍建设等方面不断加大

❶ 2021 第七期互联网信息审核员培训班在西安举办［EB/OL］.（2021-10-12）［2022-09-08］. http：//www. cfis. cn/2021-10/12/c_ 1127968365. htm.

❷ 曹蕊．关于举办广播电视和网络视听内容审核岗位技能培训班的通知［EB/OL］.（2022-07-28）［2022-09-08］. https：//news. sina. com. cn/sx/2022-07-28/detail-imizirav5727921. shtml.

投入，审核队伍规模不断扩大，审核人员素质不断提高，审核能力大大提升。中小型企业规模小，在人力、财力上远不及大型企业，难以在信息内容审核及风险控制上给予足够的投入。审核成本高、技术落后、审核队伍素质低成了中小型企业信息内容审核的痛点和难点。为积极履行平台信息内容管理主体责任，保障平台信息内容安全，中小型企业为降低审核成本，开始把不属于核心业务的内容审核业务外包出去，于是，第三方信息内容审核服务应运而生。

6.4　第三方内容审核服务发展状况

第三方信息内容审核是相对“第一方”信息内容生产制作方和“第二方”信息内容运营方而言的。是由第三方机构来承担第一方或第二方信息内容审核任务的一种业务形式。第三方信息内容审核既不属于第一方，也不属于第二方，而是通过与第一方或第二方的合作，依托其优质审核资源来提供专业化的信息内容审核服务。

6.4.1　市场参与者发展情况

目前第三方内容审核市场参者主要可分为以下四类：

①传统主流媒体。如人民网股份有限公司、新华网股份有限公司、光明网传媒有限公司、央视国际网络有限公司、成都音像出版社有限公司、四川日报报业集团旗下的封面传媒等，凭借其较高的政治站位、丰富的内容审核经验和优质审核资源、较高的公信力和权威性，在内容审核市场上占有较大的优势。2018 年人民网第三方内容审核业务净利润达 2.15 亿元[1]，2022 年人民网承担中国进出口商品交易会（第 132 届“广交会”）3000 多个展馆的直播内容审核工作。[2]

---

[1] 内容审核业务：为媒体行业保驾护航［EB/OL］.（2020-05-25）［2022-10-26］. https：//baijiahao. baidu. com/s？ id = 1667649440661555904&wfr = spider&for = pc.

[2] 张金文．企业宣传常“翻车”？内容审核风控进入新蓝海［EB/OL］.（2022-04-12）［2022-09-08］. https：//m. gmw. cn/baijia/2022-04/12/35652012. html.

②互联网云服务龙头企业。资金和技术力量雄厚的云计算企业，依托其云计算、人工智能等方面的技术优势和强大的内容审核团队，采用“机器智能审核+人工审核”的方式，将内容审核服务作为整体云服务的一部分提供给用户，其智能审核技术及应用走在市场前列。如阿里云、百度智能云、腾讯云、华为云、中国电信天翼云、移动云、金山云金睛、网易云安全（易盾）等。例如，百度智能云媒体内容审核服务可对视频、语音、图片、文本等多媒体内容进行审核，覆盖涉黄、暴恐、涉政、广告、违禁等多种审核维度，支持点播和直播内容审核，能大幅降低客户的内容信息风险和审核成本。

③人工智能科技企业。这些企业依托其先进的人工智能、计算机视觉、语音处理和图像识别等技术，迅速进入内容智能审核领域，成为第三方内容审核服务商。如科大讯飞、同盾科技、图谱科技、数美科技、武汉云腾智达、陕西淘丁实业集团有限公司等。陕西淘丁实业集团有限公司，现有800人的内容审核服务团队，在西安、太原、宝鸡、渭南等地设有专业审核职场[1]，内容审核服务外包业务已经逐步成为集团支柱业务之一。

④专业领域内容审核服务外包企业。这部分企业主要依托其在某些专业领域内积累的审核资源和经验，为信息内容平台提供专业领域信息内容审核服务。如杭州慧和信息技术咨询有限责任公司给很多国内大型网站外文站做外文信息审核外包业务多年，在语言服务外包上积累了丰富的经验。阅文集团海外负责人陈珊珊介绍，2021年中国网络文学出海营收增长280%，每月新增出海平台10~15家。中国网络文学出海规模迅速扩张，未来将遍布全球。2022年6月22日，国家广电总局、文化和旅游部联合发布的《网络主播行为规范》强调：从事如医疗卫生、财经金融、法律、教育等需要较高专业水平直播的网络主播工作，应取得相应执业资质。未来医疗卫生、财经金融、法律、教育、英语、小语种、少数民族语言等专业领域的信息内容审核服务需求将越来越大，专业领域内容审核服务外包企业数量将进一步增加。

天眼查网站查询数据显示，截至2022年8月，全国共有18542家经营范围含“内容审核”“信息审核”“视频审核”“游戏审核”“广告审核”等

[1] 参见淘丁集团介绍：https://www.taoding.com.

关键字且状态为“存续（在营、开业、在业）”的信息内容审核相关企业，注册资本在 100 万以内的占 63%。2022 年新注册 1720 家，同比增长 23%。据业内人士介绍，目前我国实际从事第三方内容审核服务的企业已超过 2 万家。随着第三方内容审核服务需求的不断扩大，未来几年，第三方内容审核服务市场参与者将快速增加。

6.4.2　第三方内容审核服务业务发展情况

通过 2021 年的问卷调查和企业访谈我们了解到，在所调查的 143 家企业里，如图 6-2 所示，有 50.35% 的企业内容审核员数量在 100~499 人，有 33.57% 的企业内容审核员数量小于 100 人。如图 6-3 所示，从企业内容审核业务收入占企业整体收入的占比看，39.86% 的企业内容审核业务收入占比在 20%~30%，37.06% 的企业内容审核业务收入占比在 10%~20%，13.99% 的企业内容审核业务收入占比在 10% 以下，没有企业内容审核业务收入占比超过 50%。如图 6-4 所示，从 2021 年内容审核业务收入同比增长率来看，2.1% 的企业同比增长率超过 50%，41.96% 的企业同比增长率为 40%~50%，20.98% 的企业同比增长率为 30%~40%，17.48% 的企业同比增长率为 20%~30%，13.99% 的企业同比增长率为 10%~20%，3.5% 的企业同比增长率在 10% 以下。如图 6-5 所示，2021 年企业服务的客户数量 10 家以下的占 15.38%，客户数量 10~20 家的占 49.65%，客户数量 21~30 家的占 24.48%，客户数量 31~40 家的占 9.09%，客户数量 40~50 家的占 1.40%，没有企业服务的客户数量在 50 家以上。

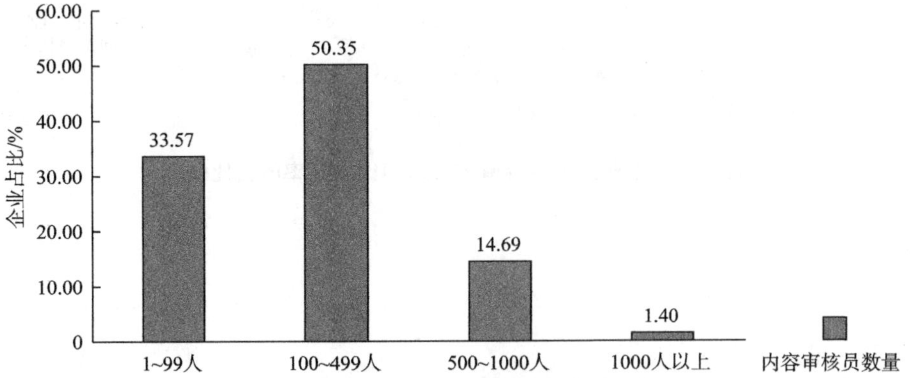

图 6-2　企业关于内容审核员数量的占比情况

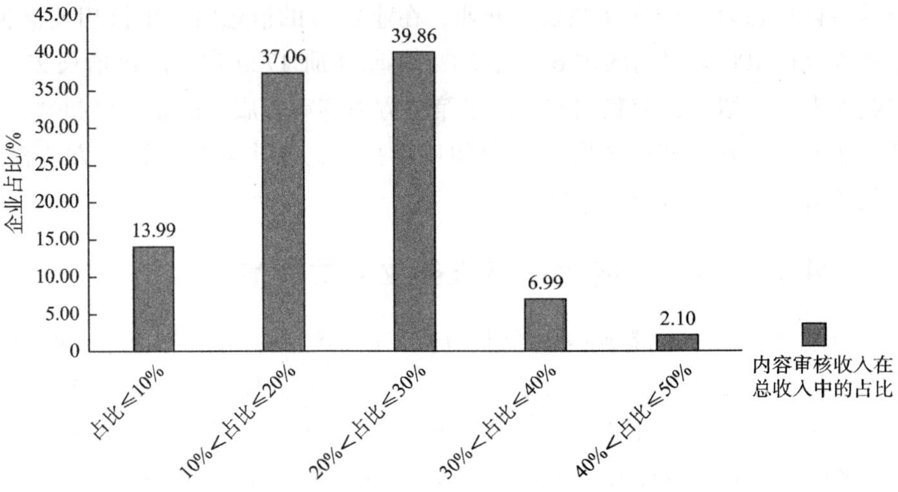

图 6-3　企业关于内容审核收入在总收入中的占比情况

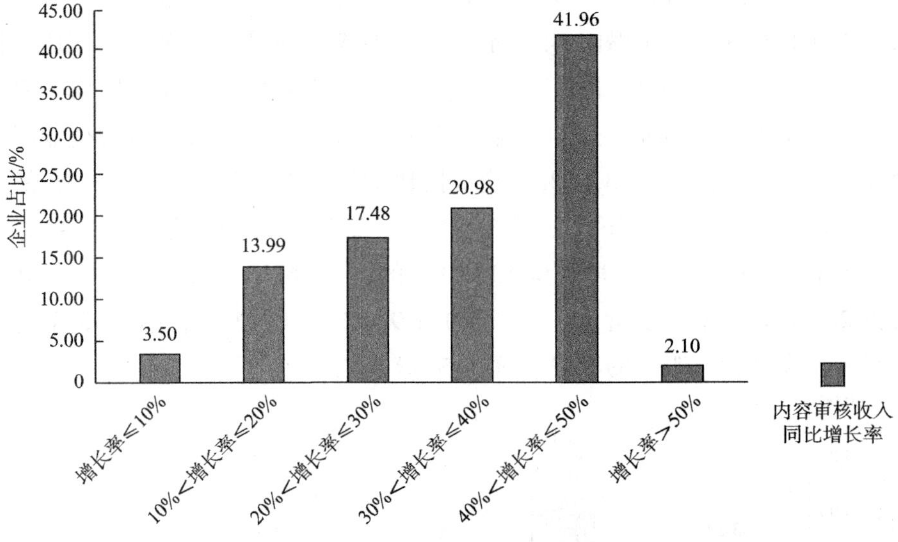

图 6-4　企业关于内容审核收入同比增长率的占比情况

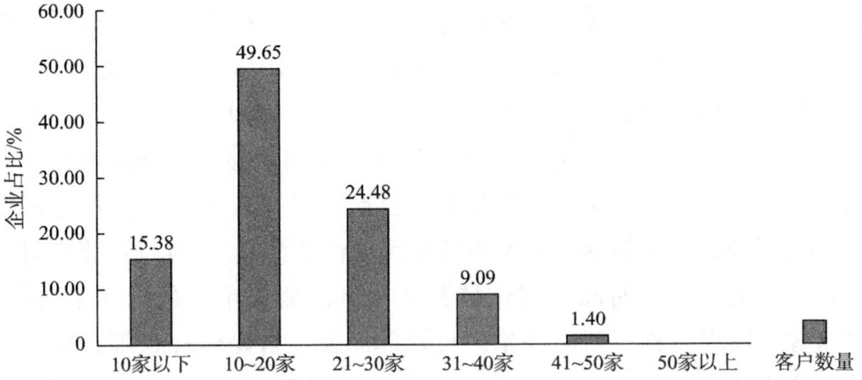

图 6-5　企业关于客户（为其提供内容审核服务的企业）数量的占比情况

从整体情况看，第三方审核服务企业发展迅速，内容审核业务稳步增长。但对大多数企业来说，内容审核业务只是其多元化业务之一，还未成为企业的核心业务。

6. 4. 3　第三方内容审核市场规模情况

自《网络信息内容生态治理规定》和《关于进一步压实网站平台信息内容管理主体责任的意见》实施以来，为落实内容生态主体责任，降低审核成本和内容安全风险，提高内容审核质量和审核效率，越来越多的网络信息内容服务平台❶，特别是中小型平台，选择内容审核外包服务，即第三方内容审核服务。如图 6-6、图 6-7 所示，从电力招标网、乙方宝、佰中标讯、采招网、政府采购网等网络采购平台公开发布的项目招标信息看，近 3 年来各形态内容审核招标采购项目数量在逐年增加，中小型内容型企业、报纸和电视台等主流媒体、政府部门及工商企业发布的内容审核招标采购项目数量也逐年增加。2022 年各形态内容审核招标采购项目数量均有小幅增长。相关数据显示，2022 年 1 月至 9 月综合内容审核类项目（包括文本、图像、音视频、直播等各类内容的审核）为 5372 项，同比增长 18. 88%，音视频内容审核项目 2535 项，同比增长 10. 89%，广告内容审核 252 项，同比增长 33. 33%。从招标采购方信息看，2022 年 1 月至 8 月政府部门、事业

❶《网络信息内容生态治理规定》第四十一条：网络信息内容服务平台是指提供网络信息内容传播服务的网络信息服务提供者。

单位、工商企业、互联网电商等非内容型企业发布的内容审核招标采购项目数量明显增加，共计1532项，同比增长28.42%，内容型企业为3628项，同比增长14.48%。如表6-1所示（限于篇幅，只列出16项），苏宁易购集团发布的《2022年内容审核年框比选项目》要求对苏宁易购站内短视频、软文、排行榜、笔记、直播预告等多内容形式进行人工审核，月度审核量1.5万~2万条，大促或活动月份审核量预估在2.5万~3万条；北京时间有限公司发布的《北京时间内容审核服务项目》要求审核的内容主要包括：用户头像、用户名称、新闻评论、自媒体图文、自媒体视频等。月均审核量：用户头像4500条、用户名称4590条、新闻评论96 360条、自媒体图文2550条、自媒体视频180条。

表6-1 有关内容审核招标采购项目

序号	项目名称	招标单位	发布时间
1	2022年数字生活事业部视频内容审核服务项目	中国电信新疆分公司	2022-05-26
2	长春市税务局内容安全审核服务项目	国家税务总局长春市税务局	2022-02-16
3	2022年内容审核年框比选项目	苏宁易购集团股份有限公司	2022-01-20
4	咪咕互娱2022年咪咕快游TV版内容审核项目	咪咕互动娱乐有限公司	2022-01-07
5	互联网媒体内容审核服务项目	常州工业职业技术学院	2022-05-16
6	2022年天翼高清业务内容审核服务采购项目	天翼数字生活科技有限公司	2022-07-15
7	2022年5G消息业务信息安全审核项目	中国电信股份有限公司	2022-05-10
8	淄博市广播电视台全媒体内容审核服务项目	淄博市广播电视台	2022-02-24
9	北京时间内容审核服务项目	北京时间有限公司	2021-11-25
10	中江网信息安全审核服务项目	江苏中江网传媒股份有限公司	2021-09-17
11	中国文明网站群内容安全审核服务项目	中宣部办公厅资产和采购管理处	2021-10-29
12	龙岗政府在线网站（中文版）内容审核服务项目	深圳市龙岗区人民政府	2021-05-20
13	2021年度电视广告内容审核服务项目	石家庄市广播电视台	2021-02-02
14	天翼云2021年音视频内容审核服务项目	天翼云科技有限公司	2021-10-12
15	咪咕动漫2021-2022年内容安全审核服务项目	咪咕音乐有限公司	2020-12-21
16	咪咕数媒2021年度电子书内容审核服务项目	咪咕数字传媒有限公司	2020-11-17

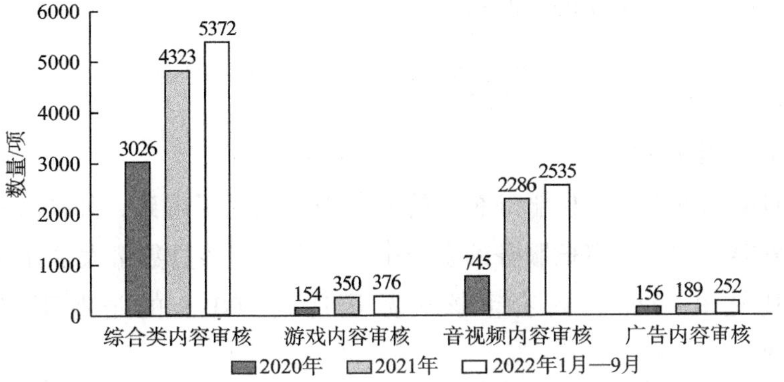

图 6-6 各形态内容审核招标项目数量

数据来源：电力招标网、乙方宝、佰中标讯、采招网、政府采购网、启信宝等。

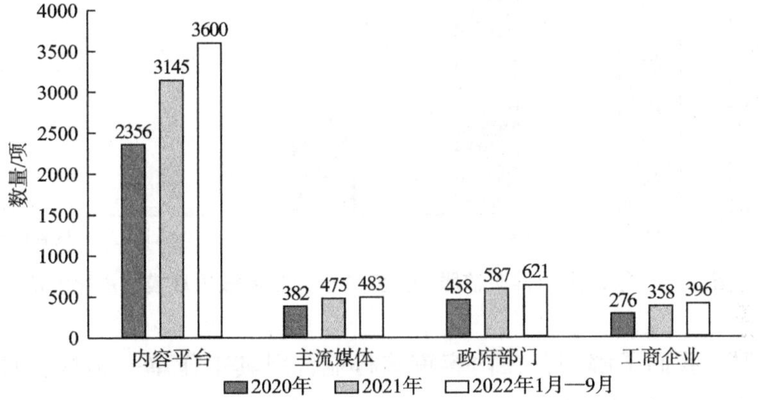

图 6-7 政府部门及企业发布的项目数量

数据来源：电力招标网、乙方宝、佰中标讯、采招网、政府采购网、启信宝等。

从网络信息内容服务平台发布的内容审核招标采购项目数量和第三方内容审核服务企业客户增长率、内容审核业务收入同比增长率等指标来看，第三方内容审核服务市场规模不断扩大，呈稳步增长趋势。未来在国家日趋严格的监管要求下，各级政府部门、事业单位、工商企业、互联网电商等非内容型企业所建设的官方网站、微信公众号、官方微博、App 等各类媒体都将加强内容审核和风险控制，越来越多的非内容型企业和中小型内容型企业将通过购买第三方内容审核服务来满足自身的内容审核需求，第三方内容审核服务市场发展空间很大，前景广阔。

6.4.4 审核员队伍建设与管理情况

（1）审核员规模

从对第三方内容审核服务企业的调查中，我们了解到，如图 6-8 所示，目前从事第三方内容审核服务的企业中，其内容审核员数量大多在 500 人以下，占比达 83.92%，内容审核员数量达到 500 人的企业不多，占比为 16.09%。

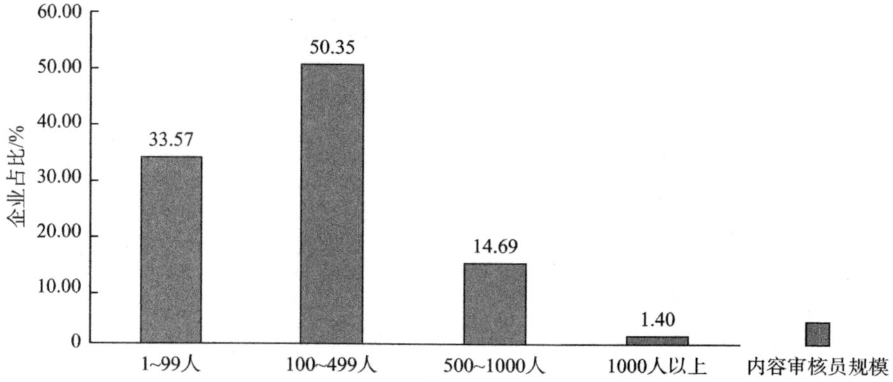

图 6-8 第三方内容审核服务企业关于内容审核员规模的占比情况

同时，我们了解到，在内容审核行业，因其工作单一枯燥，且需要经常上夜班，除了资深审核人员外，一般审核员收入不高，因此人员流失率普遍较高，人员流失率 5%~10%/月算正常现象。另外，行业内对有经验的审核人员需求较大，市场竞争激烈，所以有些企业偶尔会有审核基地人员群体跳槽现象出现，因此，绝大多数企业每年都需要招聘大量的审核人员。从所调查的企业情况看，如图 6-9 所示，2021 年新招聘审核人员数量 100 人以下（含 100 人）的企业占比为 73.43%，100~300 人的企业占比为 24.48%，300~500 人的企业占比为 2.10%，没有企业招聘人数在 500 人以上。

（2）审核员入职前培训

从调查情况看，内容审核企业审核员入职前培训时间为 1 周到一个月不等。如某企业采用的培训模式是"理论+实操"模式，培训时间约为 1 个月。理论培训，利用两本内部培训教材《网络视听（音像）内容审核基础与理论》《网络视听（音像）内容审核实务》实施教学，培训内容包括审核职业的概念、职业道德、马克思主义新闻观、法律法规汇编、著作权知识、文字使用规范、历史知识，也包括信息技术基础、内容审核标准、实用审核标准与尺度、错误类型与禁忌、审核流程规范、案例选编。实际操作，利用企业自主开发的审核人员线上培训系统，包含线上操作学习、收看直播、参加考试等环节。线上培训系统中建立了实际案例库，包含 5 万多个图、文、视频案例，审核员通过模拟审核进行训练，增强实际审核能力。这些只是基础培训，学习的是通用理论和审核标准，在进入正式审核时，还要针对不同业务形态，进行专项培训。比如网络文学，需要加强培训企业制定的网络文学审核标准，而针对不同网络文学平台的业务，也要进行审前学习，如果审核规模较大，还要审前对标、摸清尺度。

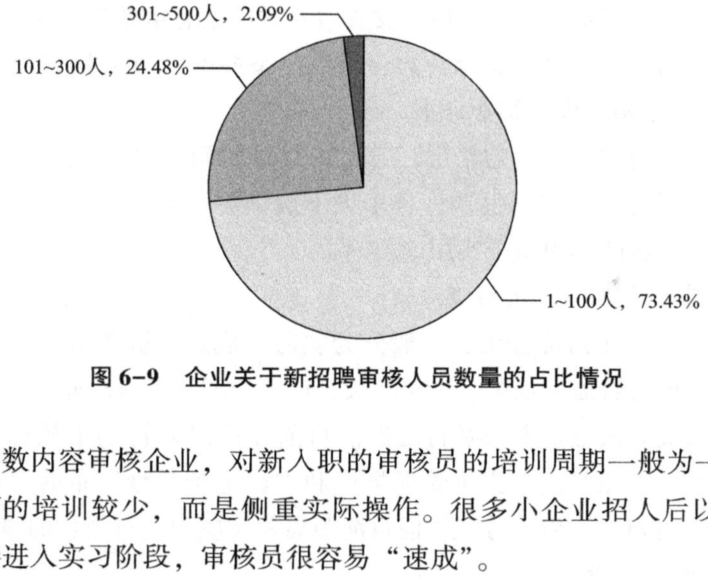

图 6-9　企业关于新招聘审核人员数量的占比情况

大多数内容审核企业，对新入职的审核员的培训周期一般为一周左右，理论方面的培训较少，而是侧重实际操作。很多小企业招人后以老带新，新人直接进入实习阶段，审核员很容易“速成”。

（3）审核员持证上岗情况

目前国家尚未发布相关政策，要求内容审核员必须持证上岗，更没有规定持何种证、持谁发的证上岗。审核员培训合格后，所持证件多为企业所发上岗合格证，仅有极少数持有政府部门或行业协会颁发的审核证。

目前培训和发证机构主要有如下几家：

①全国网络视听节目审核员培训班，由广电总局网络视听节目管理司和中国网络视听节目服务协会主办，中国网络视听节目服务协会发“网络

视听节目审核员培训证书”。

②人民网信息技术有限公司推出的“2020年互联网风险防控培训班”，通过考试的人员将获得“互联网内容风控培训证书”。

③中国电子学会发布《互联网内容审核职业技能等级标准》，培训后发放“互联网内容审核职业技能等级证书”。

④2020年6月底，根据人社部办公厅文件，“网络与信息安全管理员”职业下增设“互联网信息审核员”工种。互联网信息审核员作为新诞生的职业工种，符合新职业发展趋势，具有广泛的人才需求。根据人力资源和社会保障部、公安部制定的《网络与信息安全管理员》国家职业技能标准要求，国家广电总局教育培训基地与央视国际网络无锡有限公司共同举办互联网信息内容审核员能力提升培训班，由广电总局广播电视和网络视听播音主持教育培训基地组织考核，发放“互联网信息审核员培训证书”。

⑤中国网络组织社会联合会为会员单位举办的“互联网信息审核员培训班”，培训合格后发放结业证书。

目前，国内对审核员的培训，普遍特点是时间短（一般为两到三天）、理论性强、不全面、实用性差，且培训不成体系，时间不固定。审核员参加培训拿证镀金的作用高于实用。

（4）审核员级别管理情况

目前仅有企业内部分级，一般分为实习、成熟、资深审核员。从职务上区分，一般有普通审核员、审核组长、审核经理、审核总监等。

对审核员分级也是未来必行之路。目前在已经制订的审核标准中，人社部发布的《网络与信息安全管理员》和中国电子学会发布的《内容审核技能标准》对审核员做了分级，但目前距离普及应用还有很长的路要走。

（5）审核员考核

考核分为几种，一是入职前的考核，二是入职培训后的考核，三是在职考核。如某公司入职前的人员选拔要求为：①遵守我国宪法、法律及行政法规，坚持马克思主义新闻观，坚持社会主义核心价值观，恪守新闻职业道德；②大专及以上学历，中文、新闻、传媒相关专业优先；③熟悉新闻资讯、视频及短视频等互联网传播平台，对社会时政、国际关系、历史等有一定了解；④具有良好的内容分辨能力，学习能力强，从事互联网行业工作经验者优先；⑤性格踏实沉稳、吃苦耐劳，具有高度责任心。

入职培训后的考核。如某公司采用的是“理论考试+模拟审核考试”，学员考试后合格可以上岗。理论考试：通过线上培训平台，进行《内容审核基础与理论》《内容审核实务》两门课考试，每科200分，120分为及格。模拟审核考试：通过线上培训平台进行模拟审核考试，实际案例1000题，每题1分，990分为合格。

在职考核：一是在职专业内容培训、专项培训考核等，二是工作中的绩效管理。审核员的工资构成，一般为“基本工资+绩效”模式，基本工资较低，绩效按内容审核数量与质量进行评估。

“互联网信息审核员”工种的设立，是从国家层面对信息内容审核员工作的认同，为信息内容审核员的职业发展和晋升提供了保障，也将吸引越来越多的人加入信息内容审核员行列，各级各类内容审核员技能培训班的开展，也将大大提升信息内容审核员的审核能力和审核水平。信息内容审核员人才队伍规模不断扩大，审核员素质不断提高，为第三方内容审核服务行业的健康发展提供了可靠保障。

6.5　企业内容审核流程管理

6.5.1　平台企业[1]内容审核流程

目前，平台企业内容审核并不像传统的新闻出版单位一样有相对固定的“三审三校”流程，不同的平台企业采用的内容审核流程都不一样。第三方内容审核服务企业（乙方）采用哪种审核流程，也不由自己决定，而是由为其服务的平台企业（甲方）决定。平台企业（甲方）为节省成本，会根据不同的业务形态确定不同的审核流程，即使是针对同类业态，不同的平台企业采用的流程也不同。但是普遍采用的审核流程一般为“AI标注—人工审核—人工抽检”这三步流程。

（1）网络文学类

网络文学的审核流程较为多样化，各平台企业流程各有差异。

[1] 本书所称平台企业即网络信息内容服务平台企业。

某 A 网络文学平台审核流程：用户上传内容—机器标识敏感或违规内容（AI 审核）—所有内容全部进入二审（无论机审是否通过都要进入人工审核，AI 仅有标识权，但无判定权）—二审判定通过则公开发布，二审判定不通过则锁章退修（审核者须以标签形式标注不通过原因，锁章内容由作者修改）—人工高审，即抽检，抽检对象是二审结果（抽检比例 1%～10%）—巡检，具有最高权限，针对二审和高审结果随机巡查，比例不确定。

某 B 网络文学平台审核流程：存量内容—按章节导入审核平台—机器标识敏感或违规内容（AI 审核）—所有内容全部进入人工二审—二审判定通过则发布，二审判定不通过则修改（由专业编辑修改，修改后发布）—高审，随机巡检或按一定比例抽检。

某 C 网络文学平台审核流程：存量内容—按整本书导入审核平台—机器标识敏感或违规内容（AI 审核）—所有内容全部进入人工二审—标识不通过内容后，评价整本书价值—内容发布方根据审核结果作发布、修改或下架处理。

某 D 网络文学平台审核流程：内容首先由 AI 过滤，AI 判定合格则发布，AI 判定不合格或存疑则转人工—人工二审，二审判定通过则发布，二审判定不通过则下架—随机巡检或按一定比例抽检。

（2）图片类

某 A 社交平台内容图片审核流程：用户上传内容—导入审核平台—人工审核—判定通过则发布，判定不通过则下架（须以标签形式标注不通过原因）—由人工按一定比例抽检或巡检。无机审环节。

某 B 社交平台头像图片审核流程：图片批量导入审核平台—人工审核—判定通过则发布，判定不通过则下架（须以标签形式标注不通过原因）—由人工按一定比例抽检或巡检。无机审环节。

某 C 社交平台图片审核流程：内容首先全部由 AI 通过图片样本库对比过滤，判定合格则发布，AI 判定不合格或存疑则转人工—人工二审，二审判定通过则发布，二审判定不通过则下架—人工抽检，随机巡检或按一定比例抽检。

（3）图文混合类

某新闻资讯平台审核流程：用户按栏目分类上传内容—AI 审核，标注违规内容或敏感词—人工审核—判定通过则发布，判定不通过则拒绝发布—由人工按一定比例抽检或巡检。

(4) 评论、昵称、资料类

此类内容较为简单，审核流程一般为：用户上传内容—AI 标注—工人审核—判定通过则发布，判定不通过则拒绝发布—由人工按一定比例抽检或巡检。

(5) 音频

某音频平台审核流程：用户上传内容—计算机通过专业程序将音频转为文字—AI 审核，标注违规内容或敏感词—人工审核，针对违规部分，收听原音频核实—合格则发布，不合格则拒绝发布—由人工按一定比例抽检或巡检。

(6) 视频

某 A 视频平台审核流程：用户上传内容—计算机通过专业程序，抽取视频中的关键帧，以组合图片的形式展现，AI 对其中的文字部分进行敏感词标注—所有内容全部进入人工二审，二审人员要审核组合图片与文字，并观看视频、收听音频，判定通过则发布，判定不通过则下架—由人工按一定比例抽检或巡检。

某 B 视频平台审核流程：用户上传内容—AI 审核，调用图片样本库、音频样本库、关键词样本库中对内容进行对比筛查，AI 判定合格则直接发布，AI 判定不合格或存疑则转人工—人工二审，审核员要观看视频、收听音频，判定通过则发布，判定不通过则下架—由人工按一定比例抽检或巡检。

(7) 直播

互联网直播内容一般不存在延迟性，因此需要边播边审。目前采用的办法是纯人工巡检，因成本问题，内容播出方一般不会采用全时刻无缝监播模式。而是由人工进入直播间巡查，发现违规内容则叫停。

6.5.2　第三方内容审核服务企业内容审核流程

尽管不同的平台企业及不同的内容形态所要求的内容审核流程可能会不一样，但大多数第三方内容审核服务企业都基于自身的实际情况和需求建立了有效的内容审核管理机制，包括内容审核流程管理和审核人员规范管理等方面。

目前第三方内容审核服务企业大都采用的是“机器审核+人工审核”的方式，以人工审核为主，机器审核为辅。

“机器审核+人工审核”方式的审核流程一般分为“机器打标分类—机器初审（AI 标注）—人工复审—人工三审—人工抽检”等环节。机器打标分类就是利用 AI 的内容分析能力，对待审内容进行分析，按内容分类规范进行标签化处理，再根据待审内容的分类标签，存储到不同的分类待审库中，并进入初审环节。初审由机器完成，由智能内容审核系统将分类待审库中内容与有关的校验库，如敏感词库、敏感图片库、案例库等，进行匹配分析，并识别和标识有害或者存疑内容，为后续复审环节提供参考。复审是人工审核环节，也是内容审核中最关键的一环，主要任务是对初审标识及分类标签进行判定，并对作品全面通读通审，重点把握政治关、知识关和品质关。复审完成后，即进入到三审环节。三审主要是确认和处理复审判定结果，负责对待审内容作品作出判定。经过三审流程后通过的待审内容作品，最后还需要人工对三审作品抽样检查。

6.5.3 内容发布后的审核监管

内容发布后，平台企业仍需对内容进行监控，需要根据用户举报、评论（弹幕）反馈、巡查巡检发现问题，及时处理。有些平台企业因内容存在一定风险——可能违规、盗版、引战等，但未能明确其违规点，因此，对部分内容采用仅作者可见的方式规避风险。平台企业对违规作者的处理方式包括：警告、扣分、降低权限、短期封号、永久封号等。

6.6 审核员审核工作量管理

从调查情况看，目前大多数企业采用的是审核员日审核量管理办法，即记录和统计审核员的日审核量作为绩效考核的依据。同时审核员的日审核量也是衡量审核员审核效率的重要指标，也是企业审核成本的测算依据。审核人员考核奖励主要是根据审核员的审核数量与质量对审核员的工作业绩进行测算与评估，并根据测算与评估结果给予相应的业绩奖励或处罚。

表 6-2 所示为某公司一审核基地熟练审核员每日实际业务处理量情况。

表 6-2　审核员日审量

序号	类型	结算单位	基地实际业务处理量
1	网络文学	千字	450 万字/（人·8 小时）
1		章节	
3	图片	幅	5 000~8 000 幅/（人·8 小时）
4	图文	篇	普通类：1 000+篇/（人·8 小时）
			某专业领域：300 篇左右/（人·8 小时）
5	朋友圈视频	条	5 000~7 000 条/（人·8 小时）
6	短视频类	条	5 000~7 000 条/（人·8 小时）
7	专业视频	条	150~300 条/（人·8 小时）
8	IPTV 长视频	小时	1：1 审核
9	音频	暂未执行	暂未执行
10	游戏	个	单个游戏审核时长为 1~3 月/人
11	资料	条	8 000~10 000 条/（人·8 小时）
12	真人认证	条	5 000~7 000 条/（人·8 小时）
13	评论（短文本）	条	10 000~15 000 条/（人·8 小时）

审核员的日审量差距极大。一般来说，审核员级别越高，审核经验越丰富，审核就越熟练，审核速度就越快，日审核量就越大。

6.7　内容审核管理存在的主要问题

互联网信息内容审核管理尽管表现出良好的发展态势，但也暴露出许多问题，主要有以下几个方面。

6.7.1　审核员整体学历普遍偏低

通过对智联招聘网站发布的 1000 多条关于内容审核员职位招聘信息的统计分析，发现该岗位对学历要求普遍不高，如图 6-10 所示，其中大专占比最高，为88.53%，本科占比7.83%，学历不限占比2.01%，硕士比例仅为0.15%，中专/中技占比1.18%，高中占比0.30%。另外从对第三方内容审核服务企业的问卷调查中了解到，2021年审核员中具有中高级职称人数比例小于5%的企业达到92%。

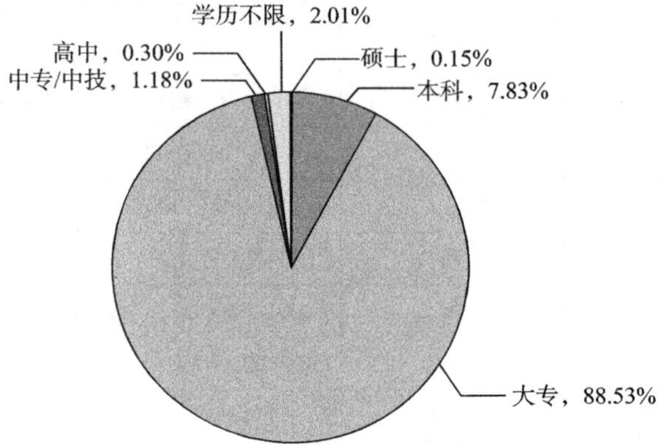

图6-10　内容审核员学历情况

数据来源：智联招聘网。

信息内容审核工作对于从业人员的知识面要求非常全面，对业务能力要求非常高。目前审核员普遍为大专学历，思想政治理论学习较不足，队伍整体素质有待提高。

6.7.2　审核标准与尺度不统一

行业内缺乏可供遵循的统一审核标准。平台企业作为第三方信息内容审核服务的采购方（甲方），通常掌握话语权与决定权。平台企业各自为战，制定的审核标准各不相同，虽然在总体方向上遵照了国家出台的相关法律法规，但在具体执行尺度上差异明显。有的是审核尺度过于宽松，造成低俗或擦边内容流出，有的是过于严格，矫枉过正，甚至有平台企业为规避审查，出现宁枉勿纵、艺术与色情一刀切、敏感话题与负面导向一刀切等现象，堵多于疏，控制多于引导。在内容审核过程中，审核方需要不断与不同的平台企业协调审核标准，但如此一来不仅增加了企业审核成本，也增加了审核工作的复杂性，不利于内容审核行业的健康发展。

目前尽管国家有关部门公开发布了有关审核标准，如《互联网视听节目服务管理规定》《网络短视频内容审核标准细则》等，但这些标准文件要么理论性太强，要么要求不明确，对具体内容如何审核，发现问题如何裁量，对三俗、色情、暴力等标准如何界定，审核员个人主观性较大。此外对于审核员来讲，最难把控的往往并不是审核标准，而是审核尺度问题。如审核标准规定不得涉及校园暴力，但如何判定也存在很强的主观性。

6. 7. 3　市场秩序混乱，低价竞争现象严重

目前国家还没有出台有关政策设置第三方内容审核服务的准入条件。由于进入门槛低，许多审核能力不足、审核员水平低的小规模企业都进入该行业，第三方内容审核服务行业内可谓鱼龙混杂，良莠不齐。目前第三方内容审核业务完全是市场行为，而且完全是买方市场，平台企业出钱，购买第三方内容审核服务企业内容审核服务，审核企业服务报价主要是根据企业支出的内容审核劳动力成本。许多小型审核企业采用的低价策略可以极大地吸引平台企业（内容审核服务采购方）。平台企业为极力压缩内容审核支出成本，往往会选择报价低的审核企业，但同时其内容质量风险会相应增加。这对于审核能力强，但审核成本较高的企业来讲，竞争力相对下降。此外行业分包现象普遍，很多大的审核企业，承接业务后，如果业务饱和，则会转包给小的、低成本的审核公司。低价竞争和二次转包等行业乱象给整个行业的长期发展带来了非常多的不稳定因素。

6. 7. 4　平台企业与审核方话语权不对等，责权不清

目前国家还没有在政策上赋予第三方内容审核服务企业应有的地位和裁定权力，也没有规定审核方应承担的责任。一方面，买卖双方地位和话语权不平等，审核方完全依附于平台方企业生存，根本难以做到公平公正地判定内容是否宜于发布。另一方面，平台方企业和审核方责权不清，审核方无须承担内容审核责任，如果内容出了问题，受处罚的还是平台方企业。这无疑将影响到行业的健康发展。

6.8 内容审核的规范化发展

6.8.1 内容审核有关法律法规建设

①出台相应的法律法规，建立信息内容先审后播或先审后发制度。目前关于互联网信息内容先审后播方面的规范性文件，只有中国网络视听节目服务协会发布的《网络短视频平台管理规范》。该文件明确提出：网络短视频平台实行节目内容先审后播制度。平台上播出的所有短视频均应经内容审核后方可播出，包括节目的标题、简介、弹幕、评论等内容。但《网络短视频平台管理规范》既不是国家标准，也不是行业标准，更不是国家层面制定的法律和法规，不具备强制执行力。事实上，目前信息内容不审就播的信息内容平台并不在少数。

②出台相应的法律法规，保持第三方内容审核服务企业的独立性，赋予第三方内容审核服务企业应有的地位和裁定权力。目前第三方内容审核服务企业完全依附于平台方企业（播出方或是发布方）生存，在内容审核中与台方企业话语权不对等，根本难以做到公平公正地判定内容是否宜于发布。

同时规定监管、执行部门的监管职责和权限，以确保第三方信息内容审核服务行业健康发展。

6.8.2 第三方内容审核服务管理体系建设

习近平总书记在党的新闻舆论工作座谈会上指出，党管媒体，不能说只管党直接掌握的媒体，而是把各级各类媒体都置于党的领导之下。要把党管媒体原则贯彻到新媒体领域，所有从事新闻信息服务、具有媒体属性和舆论动员功能的传播平台都要纳入管理范围，所有新闻信息服务和相关业务从业人员都要实行准入管理。

建立第三方信息内容审核服务管理体系，一方面要从国家层面制定有关第三方内容审核服务的管理制度，确保第三方内容审核服务机构的独立性和专业性，明确第三方内容审核服务机构的责任与义务；制定第三方内容审核服务机构的准入与退出级别，规范内容审核市场秩序，制定互联网信息内容审核职业技能等级标准，实行审核员持证上岗制度。另一方面，从企业层面应建立健全的内容审核管理机制，包括审核流程规范、内容审核署名制、审核责任追溯制、审核员管理规范等各方面。

第三方审核机构只有能够成为党管媒体的有力工具，为互联网内容生态保驾护航，才算是合格的第三方审核服务机构。要真正实现党管媒体，建立严密的第三方信息内容审核服务管理体系，积极推进第三方信息内容审核服务健康发展是关键。

6.8.3　内容智能审核平台建设

“机器审核（AI 审核）+人工审核”是目前典型互联网媒体平台企业采用的内容审核方式，也将是内容审核行业的重要发展趋势。因此，建设内容智能审核平台是网络信息内容服务平台、第三方内容审核服务企业提高内容审核质量，降低审核成本，提高审核效率和审核水平，提升企业竞争能力的关键。

目前，百度、阿里、腾讯、科大讯飞、数美科技等互联网巨头企业和 AI 技术公司在文本识别、图像识别、音视频识别、语音识别等方面均有比较成熟的技术，均提供 AI SaaS 服务，中小型平台企业、第三方内容审核服务企业完全可以通过购买 SaaS 服务（调用 AI 发放平台提供的接口）来搭建互联网内容智能审核平台，从而大大降低内容审核成本，提高审核效率。

SaaS 服务提供的审核能力模型为：

- 图像分类识别—涉政人脸
- 图像分类识别—涉黄
- 图像分类识别—低俗
- 图像分类识别—暴恐
- 图像分类识别—群体事件
- 文本分类识别—涉黄
- 文本分类识别—低俗
- 文本分类识别—涉政

互联网内容智能审核平台通过互联网、实时网络流和移动终端进行数据采集，采用多重哈希指纹特征进行数据清洗，过滤掉其中相同和相似的信息内容，采用基于深度学习的特定内容识别技术，识别出特定的 OCR 和场景元素，从而发现低俗、暴恐等有害或违规的内容。

内容智能审核平台建设需要投入一定的人力、物力和财力，网络信息内容服务平台企业和第三方内容审核服务企业可以根据自身的情况和实际需求选择建设方案。本书提出的方案可供参考。❶

(1) 内容智能审核平台整体解决方案

内容智能审核平台整体解决方案如图 6-11 所示，包括内容入库检测与分类、AI 审核、人工审核、保障机制等几个方面。

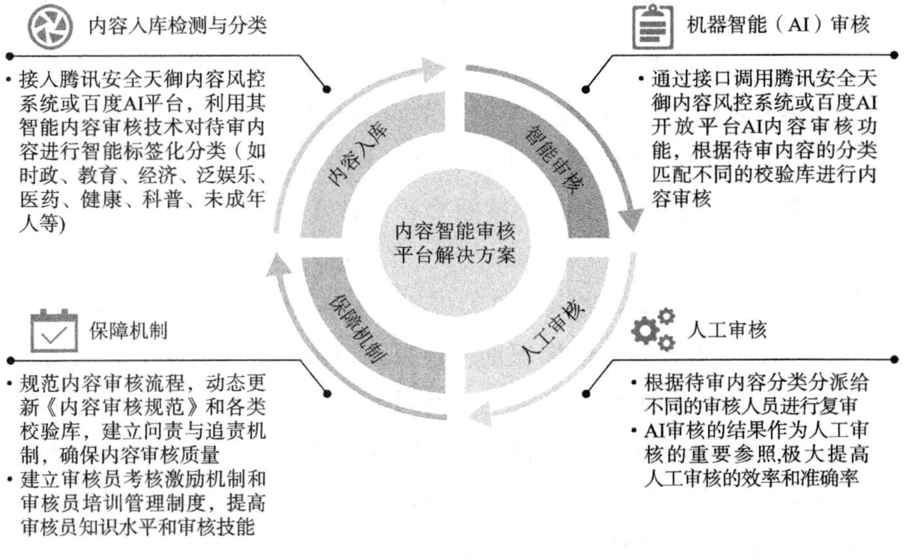

图 6-11　内容智能审核平台解决方案

(2) 内容智能审核平台功能结构

互联网内容检测审核平台功能结构如图 6-12 所示。包括基础数据层、审核业务层、数据监控与统计分析层。

---

❶ 图 6-11～图 6-12 参考了成都音像出版社有限公司天府 TV 网络视听内容安全审核平台和网易易盾智能审核平台产品架构图。

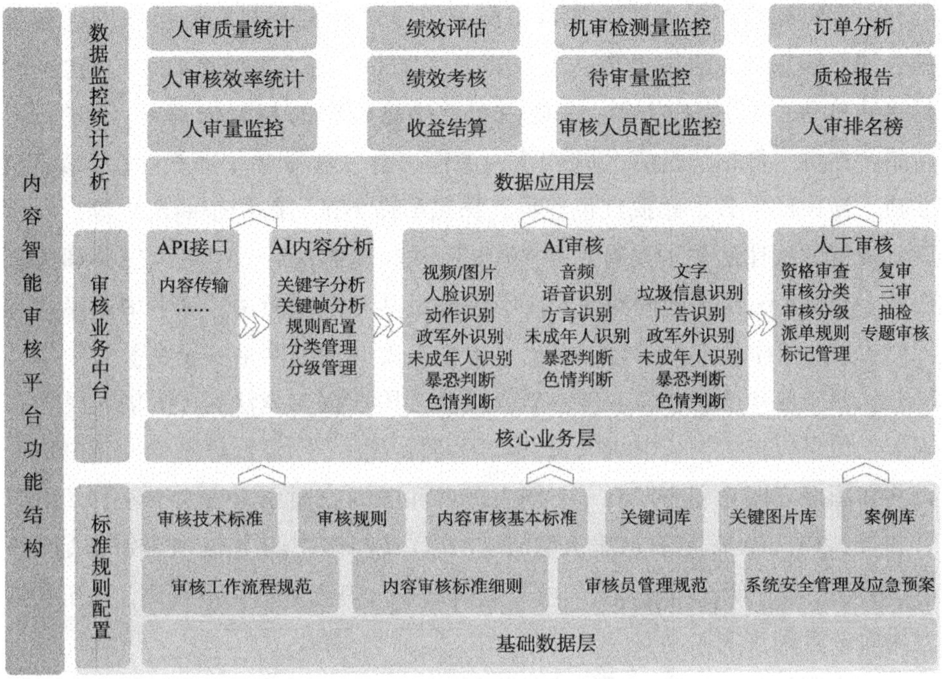

图 6-12　内容智能审核平台功能结构

审核工作流程规范：包括内容入库前的检测和入库后的三审一检和播出监控等核心业务的流程规范。

审核技术标准：文本、图片、视频、音频等内容审核技术方面的标准。

文本审核包括关键字识别、自然语言处理、语义分析等技术标准；

图片审核包括人脸识别、特定对象识别、特定场景识别、近似拷贝识别等技术标准；

视频审核包括视频截帧算法、音画同步、字画同步、图片识别等技术标准；

音频审核包括语音识别、文本识别等技术标准。

审核员管理规范：审核员的培训目标、岗前培训、上岗考试等。

系统安全管理及应急预案：系统的应急保障措施，确保内容审核工作安全运行。

审核规则：各类有害内容的判定规则。

根据马克思主义新闻观和国家法律法规，制定有害内容的分类审核标准和内容审核错误类型等。如危害国家安全、危害公共安全、违反社会公德、涉民族宗教、色情低俗、恐怖暴力、涉毒涉赌、虚假夸大、广告推广、封建迷信等；如违法内容、违规内容、违德内容的判断依据等；如涉黄、涉赌、涉毒、低俗、危害公共安全、虚假广告、涉军政、邪教迷信、暴恐、涉独、涉民族宗教、恶搞红色经典、抹黑革命英雄、解构歪曲历史等。

依据的法律法规主要有：《中华人民共和国宪法》《中华人民共和国刑法》《中华人民共和国国旗法》《中华人民共和国国徽法》《中华人民共和国广告法》《药品广告管理办法》《中华人民共和国网络安全法》《中华人民共和国未成年人保护法》《中华人民共和国数据安全法》《中华人民共和国个人信息保护法》《中华人民共和国商标法》《广告管理条例》《中华人民共和国保守国家秘密法》《中华人民共和国国家通用语言文字法》《出版管理条例》《互联网信息服务管理办法》《网络视听节目内容审核通则》《网络短视频平台管理规范》《网络短视频平台内容审核标准细则》《互联网直播服务管理规定》等。

内容审核基本标准：国家广播电影电视总局2007年12月发布的《互联网视听节目服务管理规定》中，第十六条规定了互联网视听节目不得含有以下10方面的内容：

“（一）反对宪法确定的基本原则的；

（二）危害国家统一、主权和领土完整的；

（三）泄露国家秘密、危害国家安全或者损害国家荣誉和利益的；

（四）煽动民族仇恨、民族歧视，破坏民族团结，或者侵害民族风俗、习惯的；

（五）宣扬邪教、迷信的；

（六）扰乱社会秩序，破坏社会稳定的；

（七）诱导未成年人违法犯罪和渲染暴力、色情、赌博、恐怖活动的；

（八）侮辱或者诽谤他人，侵害公民个人隐私等他人合法权益的；

（九）危害社会公德，损害民族优秀文化传统的；

（十）有关法律、行政法规和国家规定禁止的其他内容。”

基于上述标准，中国网络视听节目服务协会2019年1月发布了《网络短视频内容审核标准细则》。针对网络视听领域存在的不足和薄弱环节，分别对开展短视频服务的网络平台以及网络短视频内容审核的标准进行了规范。《网络短视频内容审核标准细则》第四章列出了 94 条标准。

近年来，短视频、直播、VR 视频、AR 动画及元宇宙虚拟人等新的内容形态发展迅速，网络信息内容服务平台及第三方内容审核服务企业可根据实际需要，参照《中国出版物审核标准》，依据《中华人民共和国保守国家秘密法》《出版管理条例》《地图管理条例》《宗教事务条例》《互联网信息服务管理办法》《互联网新闻信息服务管理规定》《网络视听节目内容审核通则》等相关法律法规和行业公约，制定出详细的符合自身需求的《内容审核规范》。

（3）内容智能审核平台核心业务流程

核心业务流程主要包括内容入库前的预审、入库后的“三审一检”和播出监控等业务流程。如图 6-13 所示。“三审一检”必须依据企业制定的《内容审核规范》进行。

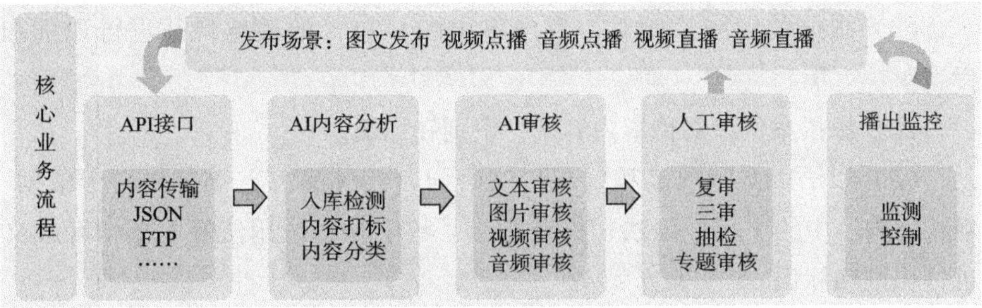

图 6-13　内容智能审核平台核心业务流程

①入库前预审。

入库前预审，也就是内容入库前的 AI 内容检测与分析。这是第三方内容审核服务需要的流程，平台企业自主审核则不需要入库预审。

送审主体将待审内容样本、资质信息等材料通过系统接口提交和导入到预审库，提请审核方审核。主要包括对企业资质及送审内容合规性、格式正确性、责任信息的完备性等进行审核，并对待审内容进行打标分类等。内容打标分类是预审的关键环节，一般由机器对待审内容进行分析和标签化处理，并根据标签按不同的分类规范进行分类，再根据待审内容的不同分类，存储到不同的分类待审库中。不同类别的内容，对应不同的审核标准和比对校验库，分派给不同的审核人员进行审核。对于敏感题材内容，如涉政、涉军、涉宗教等，则需要专家组进行专题审核。

②三审一检。

待审内容进入待审库之后，就正式进入了审核流程。审核流程必须坚持“三审一检”制度，即初审、复审、三审和抽检四个审核环节，四个审核环节缺一不可。

1）初审。初审一般计算机智能审核系统（机审）完成。计算机智能审核系统对待审库内容进行全面扫描、比对和匹配分析，并标识提示有害或者存疑内容，供后续审核环节参考；初审需要建立并动态维护计算机智能审核系统必需的关键词库、关键图片库、案例库等校验库。初审主要包括以下四个环节：

（a）根据关键词库对待审内容中文字部分包含的敏感词进行识别和标识。

（b）根据关键图片库对待审内容中图片包含的敏感特征进行识别和标识。

（c）根据案例库对待审内容进行识别和标识。

（d）以语言文字规范和《现代汉语词典》《辞海》等工具书为依据，对待审内容中的文字、语法、标点符号、数字和单位用法等的差错和歧义进行识别和标识。

2）复审。初审完成后，系统根据待审内容的分类匹配复审人员进行复审，复审是“三审一检”流程中最关键的一环。主要包括以下环节：

（a）对初审标识及分类标签进行判定。复审人员首先需要对初审环节标识的内容进行审核，并对标识为“通过、拒绝、存疑”的内容进行人工判定；复审人员还需要对入库检测的分类及标签进行审核，对于适配错误的要做人工校正，重新分类和打标签，以便后续流程更好地匹配审核资源。

（b）对待审内容进行通读，把好三关。复审人员需要对待审内容进行通读通审，依据审核单位制定的《内容审核规范》，从专业的角度对作品的社会价值和文化学术价值进行审核，并重点把好政治关、知识关、品质关，对低质及有害内容等进行识别判定。

（c）对待审内容决定取舍。复审人员对待审内容作出通过、存疑提交终审和拒绝通过的决定。对判定为合格的作品决定通过，提交终审；对无法判定的问题，注明疑问并提交终审处理；对判定为不合格的作品，作出拒绝通过决定，对发现的问题分类注明，并标明引用的法律法规依据和责任人。

3）三审。三审主要职责是确认和处理复审判定结果，负责对待审内容作出判定。

（a）确认复审判定。对复审判定为合格的作品进行确认，根据《内容审核规范》评价复审判定是否准确，并作出最终评价。

（b）处理复审疑问。对复审提交的问题进行分析判定，如仍存在无法判定的问题，需提交专家组进行专题审核。

（c）处理复审不通过作品。确认复审作出不合格的判定是否正确。

（d）对复审作品作出最终判定，作出通过、提交专家组复评和拒绝通过的决定。

4）抽检。经过三审流程后通过的待审内容作品，还需要由人工进行抽检，即对三审内容作品抽样检查。

（a）对三审后的内容进行抽检，根据《内容审核规范》判定三审决定是否准确，发现错误及时处理。

（b）全面审核所有三审判定为不合格的作品，防止恶意标注及审核判定过度。

（4）内容审核管理制度建设

在整个审核工作流程体系中，企业应建立一套与审核流程配套的规范管理制度，以确保流程的有效性。如信息存储制度、考核激励制度等。

①信息存储制度。

信息存储制度要求企业必须对审核日志、审核内容有关信息进行存储。如审核日志，包括对审核流程各环节的审核人员、审核时间、审核时长、审核结果等信息进行记录存储。审核日志可用于对审核人员的考核、评价和责任追溯。

②考核激励制度。

企业需要对所有人工参与审核的各环节业务信息进行采集、存储和统计分析，并根据分析结果对审核人员进行考核与激励。结果同时可作为审核人员晋升和评级的依据。

6.8.4 内容审核人才培训体系建设

自2020年6月人社部增设了“互联网信息审核员”工种以来，中国电子学会、中国网络组织社会联合会、国家广电总局广播影视人才交流中心、国家广电总局广播电视和网络视听播音主持教育培训基地等行业组织和社会培训机构就积极开展了各种互联网内容审核员技能培训班。但目前各行业组织和社会培训机构对审核员的培训各自为政，培训内容、考核方式等没有统一的标准，普遍特点是时间短（一般为两到三天）、理论性强、不全面、实用性差，且培训不成体系，时间不固定。

为支持和规范互联网内容审核员职业发展，建议人社部会同国家广播电视总局、国家新闻出版署、工信部、国家网信办等互联网监管部门，从国家层面建立互联网内容审核人才培训体系，就执业资格培训、等级培训、继续教育等各级各类培训和培训内容、培训教材、考试与考核方式等建立统一的标准规范体系，以保障新职业的不断发展壮大。

参考文献

[1] 张立,吴素平,周丹. 国内外数字内容产业概念追踪与辨析[J]. 出版发行研究,2021(4):43-47.

[2] 中国互联网络信息中心(CNNIC). 第50次中国互联网发展统计报告[R]. 2022.

[3] 中国新闻出版研究院. 第十九次全国国民阅读调查[R]. 2022.

[4] 中国音像与数字出版协会,中国音数协数字阅读工作委员会,中国移动咪咕数字传媒有限公司. 2021 年度中国数字阅读报告[R]. 2022.

[5] 中国新闻出版研究院. 2020—2021 中国数字出版产业年度报告[R]. 2021.

[6] 张岗,黄政龙. 中央网信办:2019 年以来累计清理违法和不良信息 200 多亿条[EB/OL]. (2022-08-19)[2022-10-25]. https://www.chinacourt.org/article/detail/2022/08/id/6872643.shtml.

[7] 筑牢全民网络安全“防火墙”——我国网络安全工作成就综述[EB/OL]. (2022-09-05)[2022-10-25]. https://m.gmw.cn/baijia/2022-09/05/36003079.html.

[8] 盛荣华. 加快建立网络综合治理体系 全面提升治网管网能力水平[J]. 中国网信,2022(3).

[9] 网络信息内容生态治理规定》施行以来网站平台自查自纠见成效 [EB/OL]. (2020-06-29)[2022-10-25]. http://www.cac.gov.cn/2020-06/29/c_1594983545070661.htm.

[10] 中宣部版权管理局:将启动“剑网 2022”专项行动[EB/OL]. (2022-04-26)[2022-10-26]. https://m.gmw.cn/baijia/2022-04/26/35691397.html.

[11] 肖建国. XML 和 DAM 技术与跨媒体出版[J]. 中国印刷,2001(4):6-7.

[12] 李康 Max. VR 视频模式的分类[EB/OL]. (2021-09-28)[2022-11-

25]. https://www. zhihu. com/question/483140108/answer/2145152745.
[13] 张国强,林江发. 数字出版资源库建设实践[J]. 出版参考,2010(33):18-19.
[14] 新闻出版总署《关于加快我国数字出版产业发展的若干意见》[EB/OL]. (2010-09-15)[2022-09-08]. http://www. gapp. gov. cn/cms/html/21/508/201009/702978. html.
[15] 报业"中央厨房"模式的经济学分析[EB/OL]. (2022-08-19)[2022-10-25]. http://www. kanshangji. net/news/680. html.
[16] TRS WCM 内容管理系统[EB/OL]. (2022-08-19)[2022-10-25]. http://www. trs. com. cn/cphfw/WCM/.
[17] 中国知识产权大数据与智慧服务系统[EB/OL]. (2016-05-19)[2022-10-25]. https://baike. baidu. com/item/中国知识产权大数据与智慧服务系统/19679884? fr=Aladdin.
[18] 林松涛. 大数据推进新闻出版业转型升级的应用[Z]. 2017.
[19] 马颖. 互联网信息发布内容审核的再认识[J]. 科技传播,2022(3):136-138.
[20]《网络信息内容生态治理规定》施行以来网站平台自查自纠见成效[EB/OL]. (2020-06-29)[2022-10-26]. http://www. cac. gov. cn/2020-06/29/c_1594983545070661. htm.
[21] 新榜. 2021 新媒体内容生态数据报告[R]. 2022.
[22] 段伟朵,郭兵. 今日头条媒体合作总监:背后有 1 万人的内容审核团队[EB/OL]. (2018-05-25)[2022-09-08]. https://baijiahao. baidu. com/s? id=1601430533730919553&wfr=spider&for=pc.
[23] 从 2000 人"扩军"到 5000 快手急招审核员[EB/OL]. (2018-04-06)[2022-09-08]. https://www. guancha. cn/society/2018_04_06_452858. shtml.
[24] 倒在互联网大厂的网络鉴黄师[EB/OL]. (2022-02-18)[2022-09-08]. https://www. 163. com/dy/article/H0GO2P4J0552DRUE. html.
[25] 月入上万的内容审核员,是进互联网大厂的捷径吗?[EB/OL]. (2022-05-19)[2022-10-26]. https://cj. sina. com. cn/articles/view/5096324489/12fc3bd89019018rdf.
[26] 2021 第七期互联网信息审核员培训班在西安举办[EB/OL]. (2021-10-12)[2022-09-08]. http://www. cfis. cn/2021-10/12/c_1127968365. htm.

[27] 曹蕊．关于举办广播电视和网络视听内容审核岗位技能培训班的通知[EB/OL].(2022-07-28)[2022-09-08].https://news.sina.com.cn/sx/2022-07-28/detail-imizirav5727921.shtml.

[28] 内容审核业务:为媒体行业保驾护航[EB/OL].(2020-05-25)[2022-10-26].https://baijiahao.baidu.com/s? id=1667649440661555904&wfr=spider&for=pc.

[29] 张金文．企业宣传常“翻车”？内容审核风控进入新蓝海[EB/OL].(2022-04-12)[2022-09-08].https://m.gmw.cn/baijia/2022-04/12/35652012.html.

[30] 霍伟民.探析数字内容产业市场发展趋势[J].产业经济。2022(4):84-85.

[31] 张杰,毛艺融.平台型媒体内容审核:动因、现状与突破[J].出版科学,2021,29(6):76-83.

[32] 陈奎莲.AI 在数字出版内容审核中的应用研究[J].出版广角,2020(10):15-18.

[33] 传媒行业:内容审核是主流媒体商业模式创新的突破口[EB/OL].(2019-10-30)[2022-08-25].https://www.docin.com/p-2271545604.html.

[34] 郑宁.网络短视频内容审核标准细则(2021)的修订重点及合规建议[J].新闻与法,2022(2):84-86.

[35] 杨娜.新媒体内容审核系统设计要点浅析[J].现代电视技术,2021(2):52-54.

[36] 赵宇.人工智能在视频内容审核方面的应用[J].广播电视信息,2022(3):45-47.

[37] 王琳琳.短视频内容审核的现实困境与路径探析——以“抖音”为例[J].新闻前哨,2021(12):65-66.

[38] 陈安庆.内容审核:传统媒体盈利新模式[J].青年记者,2019(10):12-13.

[39] 陈道英.我国互联网非法有害信息的法律治理体系及其完善[J].东南学术,2020(1):222-228.

[40] 李文.《网络短视频内容审核标准细则》发布,100 条内容被禁止(下)[N].电子报,2019-02-10(10).

[41]《网络视听节目内容审核通则》发布[J].青年记者,2017(20):7.

[42] 张辉. 营造清朗网络空间,建设良好网络生态——中央网信办发布《网络信息内容生态治理规定》[J]. 网信军民融合,2020(1):39-41.
[43] 冯建华. 网络信息安全的辩证观[J]. 社会科学文摘,2019(3):5-7.
[44] 丁忠甫,蔡珍椽. 网络时代的政治生态建设[J]. 安徽理工大学学报(社会科学版),2019,21(6):9-14.
[45] 刘晶晶,支振锋. 织密网络生态构建的规则之网[J]. 中国信息安全,2019(12):36-38.
[46] 韦素娟. 社会责任视角下网络内容建设研究[J]. 柳州职业技术学院学报,2019,19(5):23-28.
[47] 崔光耀. 构建网络安全可持续发展良性生态[J]. 中国信息安全,2019(10):3.
[48] 陈宗章. 试论网络生态的基本特征[J]. 电子科技大学学报(社科版),2019,21(5):67-71.
[49] 李艳. 从战略高度审视网络空间治理发展态势[J]. 信息安全与通信保密,2020(1):5-9.
[50] 孟庆峰. 比较视野下网络新媒体管理机制探索[J]. 新闻研究导刊,2019,10(24):187-188.
[51] 侯西安. 全球网络治理的中国方案[N]. 中国社会科学报,2019-12-24(8).
[52] 田丽. 面向问题 创新思维 共建良好网络生态[J]. 中国信息安全,2019(12):33-35.
[53] 李小标. 着力加强网络空间道德建设[N]. 解放军报,2019-12-27(7).
[54] 支振锋. 将法治更好融入网络空间道德建设[N]. 经济日报,2019-12-27(8).
[55] 高启龙. 新时代基层网络生态方法论略谈[J]. 新闻采编,2019(6):47-48.
[56] 孙萍,刘瑞生. 网络生态视角下社交媒体的内容管理探析[J]. 现代传播,2019,41(12):50-53.
[57] 周超,毛胜根. 社会治理工具的分类与型构——基于社会治理靶向和行动逻辑的分析[J]. 社会科学,2020(10):43-52.
[58] 程奎文. 构建网络综合治理体系全方位提升综合治网能力[J]. 天水行政学院学报,2020(6):20-25.

[59] 周净泓. 构建安全平衡发展的网络综合治理体系[J]. 新闻与法,2021(2):105-106.

[60] 吴声. 场景的革命[M]. 北京:机械工业出版社,2017.

[61] 郑铁男,张新华. 数字编辑运营实训教程[M]. 北京:知识产权出版社,2017.

[62] 吴声. 超级 IP:互联网新物种方法论[M]. 北京:中信出版集团,2016.

[63] 郑铁男. 数字编辑技术实训教程[M]. 北京:知识产权出版社,2017.

[64] 陈燚. 探析全媒体时代出版社 IP 化经营之路[J]. 传播与版权,2017(6):142-143.

[65] 王燕杰. 我国教育出版数字化转型研究[D]. 郑州:郑州大学,2017.

[66] 苏杰. 人人都是产品经理 2.0[M]. 北京:电子工业出版社,2017.

[67] 李梦霞. 论中国教育出版的数字化转型[J]. 新闻研究导刊,2017(4):244-245.

[68] 张新新. 变革时代的数字出版[M]. 北京:知识产权出版社,2016.

[69] 李斌. IP 生态圈——泛娱乐时代的 IP 产业及运营实践[M]. 北京:中国经济出版社,2017.

[70] 吴波,原业伟. 出版业如何迎接数字时代?[M]. 成都:西南财经大学出版社,2016.

[71] 刘海阳. 基于多元化经营的出版集团数字出版战略研究[J]. 出版广角,2016(12):35-37.

[72] 张立. 中国数字内容产业市场格局与投资观察(2015)[M]. 北京:社会科学文献出版社,2016.

[73] 刘晓亮,张营军,郑观卫. 淄博市广播电视台全媒体智能内容审核系统建设初探[J]. 现代电视技术,2022(4):147-152.